사회통합프로그램(KIIP)

한국사회 이해

기초 2

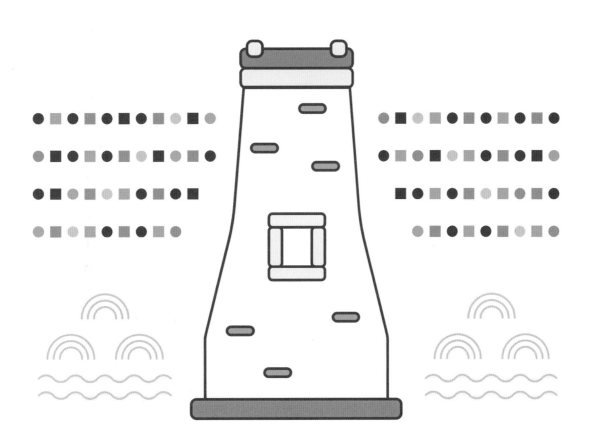

기획 법무부 출입국·외국인정책본부

박영story

발간사

우리나라는 6·25전쟁 이후 한동안 전쟁과 높은 실업률, 지정학적 리스크 등으로 인해 다른 나라로 이주를 가던 나라였으나, 1970년대부터 '한강의 기적'으로 불릴 만큼 단기간에 비약적인 경제성장을 이루게 되면서 어느덧 세계 10대 경제대국의 반열에 이르게 되었고, 이제는 많은 사람들이 이민을 오는 나라가 되어, 현재 국내 체류외국인이 250만 명을 넘어서고 있습니다.

더욱이 저출산·고령사회로 급속하게 진입하면서 지난해 우리나라의 합계출산율은 0.72명에 그쳐 역대 최저치를 기록하는 등 저출산과 고령화로 인한 인구문제, 생산동력 상실, 국가소멸의 위기 상황에 직면하게 되면서 이민정책의 획기적인 전환이 필요한 시점이 되었습니다.

그간 법무부는 이민정책을 총괄하는 부처로서 우리나라에 정착한 외국인이 우리 사회의 구성원으로서 적응·자립할 수 있도록 지원하고, 국민과 서로 상생하며 공존할 수 있도록 하는 것이 무엇보다 중요하다고 생각하여 '체계적인 이민통합 정책'을 추진해 왔습니다.

특히, 2009년부터 시작된 '사회통합프로그램'은 한국어, 한국문화, 한국사회 이해 교육을 통해 이민자가 갖추어야 할 필수적인 기본소양을 체계적으로 함양할 수 있도록 함으로써 사회통합 교육의 가장 핵심적인 역할을 수행해 왔습니다.

시행 첫해인 2009년에 1,331명이 '사회통합프로그램'에 참여하였으며, 코로나로 인해 잠시 주춤했던 시기를 제외하면 매년 증가하다가 엔데믹을 선언한 지난해에는 58,028명이 참여하여 역대 최다 인원을 기록하기도 하였습니다. 이러한 추세에 비추어 볼 때 외국인 근로자, 유학생, 재외동포 등 참여대상이 확대되고 있는 점을 감안한다면 교육수요는 계속 증가할 것으로 예상됩니다.

이러한 시기에 새롭게 발간되는 사회통합프로그램 교재와 교사용 지도서는 더욱 중요한 의미가 있으며, 이민자들이 이러한 교재들을 널리 활용하여 한국사회에 대한 이해를 높이고, 더욱더 우리나라에 잘 적응할 수 있는 마중물이 되었으면 하는 바람입니다.

끝으로 교재 발간에 도움을 주신 경인교육대학교 설규주 교수님을 비롯한 산학협력단 연구진과 출판에 도움을 주신 피와이메이트 노현 대표님 등 관계자 분들께 감사드리며, 앞으로도 법무부는 이민자의 안정적인 정착 지원과 사회통합을 위해 노력하겠습니다.

법무부 출입국·외국인정책본부장

이 재 유

일러두기

『한국사회 이해(기초)』는 사회통합프로그램에 참여하는 다양한 유형의 학습자가 한국 사회에 대한 기초적인 이해를 바탕으로 한국 사회에서 안정적으로 정착하고 능동적으로 일상생활을 할 수 있도록 지원하기 위한 목적으로 만들어진 교재이다.

이 교재는 법과 우리 생활, 정치와 우리 생활, 경제와 우리 생활의 총 3개 영역으로 구분되어 있으며, 사회통합프로그램 '한국어와 한국문화' 과정과 연계하여 총 15개 차시(대단원 정리 포함)로 구성되어 있다.

각 단원은 아래와 같이 '도입 이미지 및 질문－학습 목표－본문－알아두면 좋아요－내용 정리하기－함께 이야기 나누기'의 순으로 구성되어 있다. 각 영역의 마지막에는 학습한 내용을 밀도 있게 정리할 수 있도록 '대단원 내용 정리－스스로 해결하기－스스로 탐구하기－스스로 평가하기－화보'를 제시하였다. 이를 통해 학습자가 한국 사회에 관한 기초적인 내용에 대해 체계적이면서도 쉽게 접근할 수 있도록 하였다.

구성과 특징

도입 이미지 및 질문
학습자의 관심과 흥미를 높이기 위해 각 단원과 관련된 사진이나 삽화를 도입 부분에 제시하였다. 질문은 학습자의 일상생활 경험을 바탕으로 답할 수 있는 것으로 구성되었다.

학습 목표
이 단원을 배우고 나면 학습자가 무엇을 할 수 있는지를 제시하는 문장으로 이루어져 있다. 학습 목표는 단원별 소주제 수에 맞추어 2개로 구분되어 있다.

본문
각 단원에서 다루고자 하는 주제의 내용을 담고 있는 부분이다. 학습자의 이해를 돕기 위해 본문 내용과 관련된 삽화, 사진, 도표 등 시각 자료가 활용되었다.

알아두면 좋아요
각 주제와 관련된 내용으로 학습자가 한국에서 생활하는 데 도움을 줄 수 있는 내용이나 유용한 정보 중심으로 구성하였다.

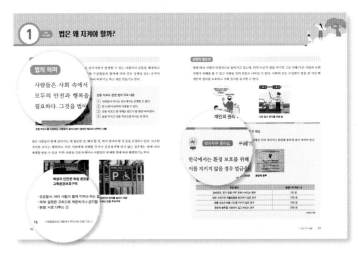

본문 용어 해설
교재 본문에 서술된 내용 중 추가 설명이나 자세한 안내 등 해설이 필요한 용어를 정리하였다.

일러두기

내용 정리하기

본문에서 다룬 핵심 내용을 정리할 수 있도록 구성하였다. 관련 있는 내용 연결하기, OX 퀴즈, 빈칸 채우기 문제를 통해 학습자 스스로 점검이 가능하도록 하였다.

함께 이야기 나누기

단원과 관련된 소재를 통해 교사와 학습자가 다양한 이야기를 나눠볼 수 있다. 이를 통해 학습자의 고향 나라와 한국에서의 경험을 공유하면서 여러 문화를 더 잘 이해하고 존중할 수 있도록 하였다.

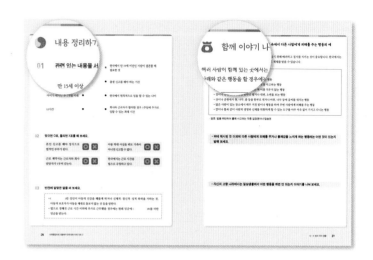

대단원 내용 정리

〈보기〉에 제시된 용어를 빈칸에 채우는 활동을 통해 영역의 주요 내용을 정리할 수 있도록 하였다.

스스로 해결하기

자음·모음 조합, 번호 찾기, 가로세로 낱말 퍼즐 등의 형식을 통해 학습자가 흥미와 호기심을 가지고 문제를 해결할 수 있도록 구성하였다.

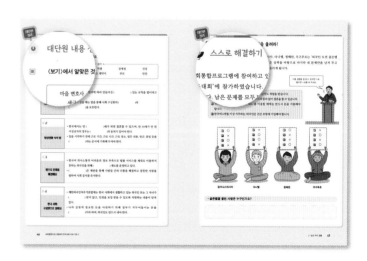

스스로 탐구하기

신문 기사나 사진, 최신 이슈 자료, 과제 등을 통해 학습자 자신의 생각 및 의견을 자유롭게 표현할 수 있도록 하였다.

스스로 평가하기

영역에서 학습한 내용을 확인할 수 있는 선다형 문항을 구성하였다. 이를 통해 학습자의 이해 정도를 점검하고 학습 목표 도달 여부를 확인할 수 있도록 하였다.

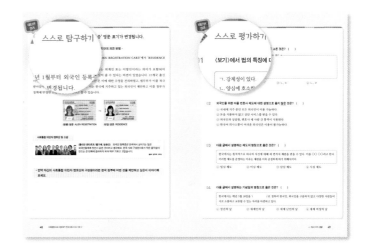

화보

영역과 관련된 사진이나 삽화 등을 2쪽에 걸쳐 제시하였다. 해시태그에 키워드도 함께 제시하였으며 학습자가 각 영역에 대한 학습을 마무리하면서 부담 없이 참고할 수 있도록 하였다.

일러두기

영역	단원	도입 이미지	학습 목표	본문	알아두면 좋아요	함께 이야기 나누기
법과 우리 생활	1. 법이 필요한 이유	직장인의 하루 일과 모습	1) 법의 의미와 법을 지켜야 히는 이유를 설명할 수 있다. 2) 안전한 생활을 위한 법의 사례를 제시할 수 있다.	1) 법은 왜 지켜야 할까? 2) 안전을 위한 법에는 무엇이 있을까?	1) 쓰레기를 함부로 버리면 안 돼요 2) 등하굣길에서는 천천히 운전하세요	새로운 법과 제도
	2. 일상생활 속의 법	일상생활과 법의 연결을 보여주는 모습	1) 가정생활과 법이 어떤 관계에 있는지 설명할 수 있다. 2) 근로 생활과 법이 어떤 관계에 있는지 설명할 수 있다.	1) 가정생활과 관련 있는 법에는 무엇이 있을까? 2) 근로 생활과 관련 있는 법에는 무엇이 있을까?	1) 아동 학대를 발견했을 때 이렇게 하세요 2) 시간제로 일을 할 때에도 계약서를 꼭 써요!	일상생활 속에서 다른 사람에게 피해를 주는 행동의 예
	3. 법으로 문제를 해결해요	법적인 문제를 해결하기 위한 제도나 기관 모습	1) 법의 도움을 받을 수 있는 제도와 기관을 설명할 수 있다. 2) 재판의 의미와 종류를 설명할 수 있다.	1) 어떻게 법의 도움을 받을 수 있을까? 2) 재판이란 무엇일까?	1) 대한법률구조공단에서 도움을 받을 수 있어요 2) 외국인 재판 통역 지원 제도에 대해 알고 있나요?	영화와 드라마에서도 재판하는 모습을 볼 수 있어요
	4. 한국 사회 구성원으로 살아요	한국에 대해 배우고 싶거나 한국 사회에 정착을 희망하는 외국인에게 도움을 주는 프로그램 모습	1) 외국인의 정착을 지원하는 법과 제도를 설명할 수 있다. 2) 외국인이 지켜야 하는 의무를 제시할 수 있다.	1) 외국인을 위한 법과 제도에는 무엇이 있을까? 2) 외국인이 지켜야 하는 것에는 무엇이 있을까?	1) 외국인종합안내센터(1345)를 이용해 보세요 2) 기초 질서와 범죄 예방에 대해 스스로 알아보기	생활법령정보 서비스를 이용하기
	■ 법과 우리 생활 대단원 정리	대단원 내용 정리	스스로 해결하기	스스로 탐구하기	스스로 평가하기	화보
		법과 우리 생활 주요 내용 정리	골든벨을 울려라!	사회통합 이민자 멘토단이 함께 해요!	법과 우리 생활 형성 평가	우리의 일상생활과 함께하는 법

영역	단원	도입 이미지	학습 목표	본문	알아두면 좋아요	함께 이야기 나누기
정치와 우리 생활	5. 민주주의가 걸어온 길	중학생이 그린 민주주의에 대한 마인드맵 모습	1) 민주주의의 의미와 이념에 대해 설명할 수 있다. 2) 한국 민주주의의 특징을 설명할 수 있다.	1) 민주주의는 무엇일까? 2) 한국 민주주의의 특징은 무엇일까?	1-1) 다양한 생각을 존중하는 민주적인 결정 1-2) 일상생활 속에서 인권이 존중되는 모습들 2-1) 가장 긴 비례 대표 투표용지 2-2) 헌법에서는 집회와 시위의 자유를 보장하고 있어요	'5월 10일 유권자의 날'
	6. 국민의 손으로 뽑는다	선거에 나선 사람이 자신을 뽑아달라고 말하는 모습	1) 선거의 필요성과 종류를 설명할 수 있다. 2) 공정한 선거를 위해서는 무엇이 필요한지 설명할 수 있다.	1) 선거는 왜 할까? 2) 공정한 선거를 위한 방법은 무엇일까?	1-1) 18세 유권자 첫 투표 소감 '사회의 진짜 일원이 되었어요' 1-2) 외국인 주민도 선거에 참여할 수 있어요 2) 선거에 투표할 때는 이것을 주의하세요	우리 지역의 대표를 뽑을 수 있어요
	7. 한국의 국가 권력	학생들이 여러 국가 기관을 견학하는 모습	1) 한국의 대통령과 행정부가 하는 일을 설명할 수 있다. 2) 한국의 국회와 법원이 하는 일을 설명할 수 있다.	1) 대통령은 어떤 일을 할까? 2) 국회와 법원은 어떤 일을 하는 곳일까?	1) 모두를 위한 청와대로의 개방 2-1) 국회의사당의 기둥에는 어떤 뜻이 담겨 있을까? 2-2) 국가 권력을 나누어 놓은 이유는 무엇일까?	지도자를 뽑을 때 기준은 무엇인가요?
	8. 남북통일과 세계	2018 평창동계올림픽 남북 동시 입장 모습	1) 6·25 전쟁과 남북통일을 위한 노력에 대해 설명할 수 있다. 2) 국제 사회에서 활동하는 한국의 다양한 모습을 제시할 수 있다.	1) 남북통일을 바라며 2) 국제 사회에서 한국은 어떤 모습일까?	1-1) 6·25 전쟁에 참전하여 한국을 도운 유엔(UN)군 1-2) 판문점은 어떤 곳일까? 2-1) 한국 여권만 있으면 193개국을 무비자로 여행할 수 있어요 2-2) [튀르키예 강진] 소방청, 지진 현장에 국제 구조대 61명 파견	한국이 속한 국제기구에는 어떤 것이 있을까?
	■ 정치와 우리 생활 대단원 정리	대단원 내용 정리	스스로 해결하기	스스로 탐구하기	스스로 평가하기	화보
		정치와 우리 생활 주요 내용 정리	휴대 전화 비밀번호를 풀어라!	투표율을 높이기 위한 아이디어	정치와 우리 생활 형성 평가	나라의 살림을 하는 곳, 행정부

일러두기

영역	단원	도입 이미지	학습 목표	본문	알아두면 좋아요	함께 이야기 나누기
경제 와 우리 생활	9. 한국에서 쇼핑하기	한국의 다양한 쇼핑 장소 모습	1) 한국의 다양한 쇼핑 장소와 변화하는 쇼핑 문화에 대해 설명할 수 있다. 2) 한국의 결제 방법과 그 변화 모습에 대해 설명할 수 있다.	1) 한국인은 어디에서 쇼핑할까? 2) 결제 방법에는 무엇이 있을까?	1) 중고 물건 잘 사는 방법 2) 기프티콘으로 마음을 전하세요	이런 배달도 있구나!
	10. 돈 관리 방법	돈을 모으고 관리하는 모습	1) 통장을 만들고 은행을 이용하는 방법에 대해 설명할 수 있다. 2) 계획적인 지출과 저축 습관을 기르는 방법에 대해 설명할 수 있다.	1) 은행은 어떻게 이용해야 할까? 2) 돈은 어떻게 관리해야 할까?	1) 외국인을 위한 다양한 금융 서비스 2) 신용 카드보다 체크 카드를 사용하세요	금융 사기, 조심하세요
	11. 경제적인 주거 생활	한국의 다양한 집의 모습	1) 한국인의 다양한 주거 형태와 주거 문화에 대해 설명할 수 있다. 2) 집을 사거나 빌리는 방법에 대해 설명할 수 있다.	1) 한국인은 어디에서 살까? 2) 집은 어떻게 마련해야 할까?	1) 세입자를 보호하기 위한 제도에는 어떤 내용이 있을까? 2) 부동산 거래 안전하게 하는 방법	내가 살고 싶은 집은 어디?
	12. 직업과 진로 찾기	다양한 종류의 직업 모습	1) 자신의 적성에 맞는 직업과 새롭게 떠오르는 직업에 대해 설명할 수 있다. 2) 한국의 취업 현실과 선호하는 직업, 직장 선택 기준에 대해 설명할 수 있다.	1) 내가 잘하는 것은 무엇일까? 2) 어디에서 일할까?	1) 미래에는 어떤 직업이 인기 있을까? 2) 창업을 해서 나도 사장이 되어 볼까?	나에게 맞는 직업은 무엇일까?
	■ 경제와 우리 생활 대단원 정리	대단원 내용 정리	스스로 해결하기	스스로 탐구하기	스스로 평가하기	화보
		경제와 우리 생활 주요 내용 정리	아파트 이름을 맞혀 봐!	자기소개서를 작성해 볼까요?	경제와 우리 생활 형성 평가	한국의 맛과 정겨움이 가득한 전통 시장

차례

제1부

법과 우리 생활

다음은 직장인의 하루 일과 모습입니다.

여러분이 일상생활에서 법과 관련해 경험해 본 사례에는 어떤 것이 있습니까?

도로교통법을 통해 안전하게 통행할 수 있습니다.

근로기준법에 따라 안전한 환경에서 일할 수 있습니다.

식품위생법에 따라 식당에서 신선한 음식을 먹습니다.

동물보호법에 따라 강아지와 산책할 때는 목줄을 반드시 챙깁니다.

CHAPTER 01

법이 필요한 이유

이 단원을 배우고 나면

- 법의 의미와 법을 지켜야 하는 이유를 설명할 수 있다.
- 안전한 생활을 위한 법의 사례를 제시할 수 있다.

법은 왜 지켜야 할까?

법의 의미

사람들은 사회 속에서 살아간다. 사람들이 살아가면서 발생할 수 있는 다툼이나 갈등을 해결하고 모두의 안전과 행복을 지키기 위해서는 사회 구성원들의 합의에 따라 만든 강제성 있는 규칙이 필요하다. 그것을 법이라고 한다. 법은 시대에 따라 바뀌기도 하고 새로 만들어지기도 한다.

전동 킥보드 관련 법의 주요 내용

1. 전동 킥보드를 운전하려는 사람은 관련 면허가 있어야 한다.
2. 사람들이 다니는 인도로는 다닐 수 없다.
3. 16세 이상부터 이용할 수 있다.
4. 전동 킥보드 한 대에는 반드시 한 명만 타야 한다.
5. 반드시 안전모를 착용하고 타야 한다.

전동 킥보드를 이용하는 사람들이 늘어나면서 달라진 법(2021년부터 시행)

법은 사람들이 함께 살아가는 데 필요한 것, 해야 할 것, 하지 말아야 할 것 등을 규정하고 있다. 사소한 것처럼 보이는 행위라도 다른 사람에게 피해를 주거나 공공질서*에 맞지 않는 경우에는 법에 따라 제재*를 받을 수 있다. 또한 사람들 간의 분쟁*이나 사회적인 문제를 법에 따라 해결하기도 한다.

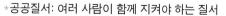

학생의 안전한 학습 환경을 위한
교육 환경 보호 구역

장애인의 편의를 높이기 위한
장애인 전용 주차 구역

*공공질서: 여러 사람이 함께 지켜야 하는 질서
*제재: 일정한 규칙으로 제한하거나 금지함
*분쟁: 서로 다투는 것

준법의 필요성

법에 따라 사회가 안정적으로 돌아가고 있는데, 만약 누군가 법을 어기면 그로 인해 다른 사람과 사회 전체가 피해를 볼 수 있고 사람들 간의 갈등도 나타날 수 있다. 사회의 모든 구성원이 법을 잘 지킬 때 개인의 권리를 보호하고 사회 질서를 유지할 수 있다.

개인의 권리 보호를 위한 법

사회 질서 유지를 위한 법

 알아두면 좋아요 쓰레기를 함부로 버리면 안 돼요

한국에서는 환경 보호를 위해 쓰레기를 버릴 때는 정해진 곳에 버리거나 종량제 봉투에 넣어 버려야 한다. 이를 지키지 않을 경우 벌금을 내야 한다.

쓰레기 무단 투기 금지 안내문

종량제 봉투

벌금 부과 기준

위반 행위	벌금(1차 위반 시)
담배꽁초, 휴지 등을 아무 곳에나 버리는 행위	5만 원
일반 쓰레기와 재활용품을 분리하지 않은 경우	10만 원
배출 요일과 배출 시간을 지키지 않은 경우	10만 원
종량제 봉투를 사용하지 않고 버리는 경우	100만 원 이하

(2023년 기준)

2 법과 우리 생활 · 안전을 위한 법에는 무엇이 있을까?

안전한 사회생활을 위한 법

법은 사회 구성원 모두의 건강과 안전을 보호하는 역할을 한다. 예를 들어 감염병 확산을 막기 위해 마스크 쓰기 등과 관련된 법이 일정 기간 시행되기도 하였다. 그리고 마약으로부터 소중한 일상을 지키기 위해 강력한 단속, 재활과 치료, 예방 교육을 법에 따라 실시한다.

지하철 마스크 의무화 첫날 모습(2020년 5월) (출처: 연합뉴스)

술을 마신 상태로 운전하는 것 역시 여러 사람의 생명을 위협할 수 있기 때문에 법으로 이를 금지하고 있다. 음주 운전을 한 사실이 적발되면 사고가 발생하지 않았어도 이에 대한 처벌이 매우 강하다. 이때 같이 탄 사람이 운전자의 음주 사실을 알고도 운전을 하도록 권했거나 그대로 둔 것이 밝혀지면 그 사람도 함께 처벌받는다.

음주 운전 예방 포스터

경찰이 음주 단속을 하고 있는 모습 (출처: 연합뉴스)

학교 폭력 예방을 위한 법

학교생활을 하는 중에 따돌림이나 폭력이 발생하기도 한다. 한국에서는 법을 통해 학교 폭력을 예방하고 해결하기 위해 노력하고 있다. 학교 폭력을 보았거나 그러한 사실이 있다는 것을 알게 된 경우, 또는 직접 피해를 당했을 경우에는 우선 학교 선생님께 알리는 것이 중요하다. 또한 학교 폭력 신고 센터 117로 전화하거나 '117CHAT' 앱을 이용해 신고하고 상담받을 수도 있다.

신체 폭력	상대방의 신체를 때려 고통을 주는 행위
언어 폭력	상대방에게 나쁜 말을 하거나 나쁜 내용의 글을 퍼뜨리는 행위
금품 갈취	돌려줄 생각 없이 상대방의 돈이나 물건을 뺏는 행위
강요	상대방이 반드시 하지 않아도 될 일을 강제로 시키는 행위
따돌림	여럿이 한 학생을 의도적으로 모른 척하거나 겁주는 행위
성폭력	상대방에게 성적 모멸감이나 수치심을 느끼도록 하는 신체적 접촉 행위

학교 폭력의 유형

학교 폭력 신고 117 CHAT 앱

 알아두면 좋아요 등하굣길에서는 천천히 운전하세요

학교 주변 도로에서 일어나는 어린이 교통사고를 줄이기 위해 유치원이나 초등학교 앞, 등하굣길 주변은 법에 따라 어린이 보호 구역으로 지정되어 있다. 어린이 보호 구역에는 안전 표지판과 과속 방지턱, 도로 반사경, 과속 단속 카메라 등을 설치하도록 하고 있다. 이 구역에서는 자동차 속도가 시속 30km를 넘으면 안 되고 주차와 정차도 금지된다.

내용 정리하기

01 관련 있는 내용을 서로 연결해 보세요.

법의 의미 ●   ● 감염병 예방 노력, 음주 운전 금지

안전한 사회생활을 위한 법 ●   ● 사회 구성원들의 합의에 따라 만든 강제성 있는 규칙

준법의 필요성 ●   ● 개인의 권리 보호와 사회 질서 유지

02 맞으면 O표, 틀리면 X표를 해 보세요.

법을 지키지 않으면 다른 사람에게 피해를 준다.

외국인도 한국 사회에서 법을 반드시 지켜야 한다.

법은 한 번 정해지면 바뀌지 않는다.

학교에서 일어나는 폭력은 법의 보호를 받을 수 없다.

03 빈칸에 알맞은 말을 써 보세요.

- 사회 구성원들의 합의에 따라 만든 강제성 있는 규칙을 (　　　　　)이라고 한다.
- 법을 잘 지킬 때 개인의 (　　　　　)를 보호하고 사회 질서를 유지할 수 있다.

🏛 함께 이야기 나누기 새로운 법과 제도

법과 제도는 시대나 사회의 변화에 따라 바뀌기도 하고 새로 만들어지기도 합니다. 다음은 2020년부터 새롭게 달라진 한국의 법과 제도에 대한 사례입니다.

모바일 운전면허증 도입

2020년 상반기부터 기존 운전면허증과 동일한 효력을 가진 **모바일 운전면허증** 이용이 가능해집니다.
운전면허 소지자는 서비스 시행 후 이동통신사의 모바일 인증 서비스를 통해 발급받을 수 있습니다.

거스름돈 계좌 입금 서비스 시행

편의점, 마트 등에서 현금으로 계산한 후 받아야 할 거스름돈을 현금카드나 현금 IC 카드와 연결된 본인 계좌로 곧바로 입금할 수 있는 거스름돈 계좌 입금 서비스가 시행됩니다. 동전 발행의 유통 비용을 줄이고 편의성도 한층 높아질 것으로 기대됩니다.

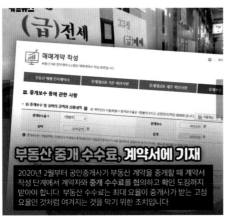

부동산 중개 수수료, 계약서에 기재

2020년 2월부터 공인중개사가 부동산 계약을 중개할 때 계약서 작성 단계에서 계약자와 중개 수수료를 협의하고 확인 도장까지 받아야 합니다. 부동산 수수료는 최대 요율이 중개사가 받는 고정 요율인 것처럼 여겨지는 것을 막기 위한 조치입니다.

고등학교 무상교육 단계적 확대 실시

2019년 2학기 고등학교 3학년부터 시행하고 있는 고등학교 무상 교육(입학금·수업료·학교운영지원비·교과서비)이 2020년에는 고등학교 2·3학년을 대상으로 확대 시행됩니다. 고등학생 1인당 연간 158만원의 교육비 부담이 줄어들 것으로 예상됩니다.

- 한국 생활에서 경험했던 법과 제도 중 자신의 고향 나라와 어떤 것이 달랐는지 이야기해 보세요.

다음은 우리의 일상생활이 법과 어떻게 연결되어 있는지 보여 주는 그림입니다.

이외에도 우리 생활 속에서 찾아볼 수 있는 법에는 어떤 것이 있을까요?

CHAPTER
02

일상생활 속의 법

1 가정생활과 관련 있는 법에는 무엇이 있을까?

· 혼인 신고와 출생 신고

· 아동 학대 신고

2 근로 생활과 관련 있는 법에는 무엇이 있을까?

· 근로 계약 맺기

· 법으로 정해 놓은 근로 시간

이 단원을 배우고 나면

· 가정생활과 법이 어떤 관계에 있는지 설명할 수 있다.

· 근로 생활과 법이 어떤 관계에 있는지 설명할 수 있다.

가정생활과 관련 있는 법에는 무엇이 있을까?

혼인 신고와 출생 신고

서로 사랑하는 두 사람이 만나 부부가 되는 것을 결혼이라고 한다. 일반적으로 가족, 친척, 가까운 친구나 직장 동료를 초대하여 결혼식을 치른다. 결혼식을 했더라도 법적인 부부로 인정받기 위해서는 시·군·구청에 혼인 신고를 해야 한다. 한국에서는 남녀 모두 18세가 되면 결혼할 수 있지만, 19세가 안 된 미성년자의 경우에는 부모의 동의가 있어야 결혼할 수 있다.

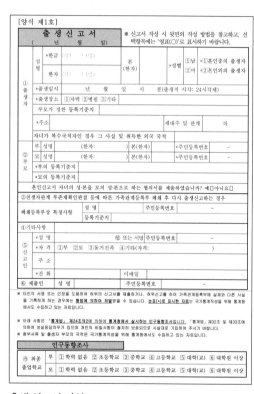

출생 신고서 양식

출산 지원금 정책 포스터(출처: 기획재정부, 2024)

아이가 태어나면 아이 이름을 짓고 출생 신고를 해야 한다. 출생 신고를 통해 아이는 한국 사회의 법적인 구성원으로 인정된다. 출생 신고는 아이가 태어난 날로부터 1개월 이내에 출생 지역의 구청이나 행정복지센터에서 한다.

아이 이름의 글자 수는 성을 제외하고 5자 이내로 제한된다. 다만 외국인 아버지와 한국인 어머니 사이에서 태어나 아버지의 성을 따라 아버지 고향 나라의 신분 등록부에 기록된 외국식 이름으로 출생 신고를 하는 경우에는 글자 수의 제한이 없다.

아동 학대 신고

아동 학대란 성인이 아동의 건강을 해롭게 하거나 신체적·정신적·성적 폭력을 가하는 것, 아동의 보호자가 아동을 제대로 돌보지 않는 것 등을 말한다. 최근 한국에서는 아동 학대에 대한 법적 처벌 정도를 높이고 있다. 부모가 자신의 아이를 학대하는 경우에도 처벌을 받는다. 다른 사람의 아동 학대 사실을 알게 되면 아동보호전문기관이나 경찰서에 신고해야 한다.

신체 학대	정서 학대
• 사고로 보기에는 미심쩍은 멍이나 상처가 있을 때 • 보호자가 아동의 상처를 숨기거나 설명이 부적절한 경우	• 아동이 성인에게 언어적, 정서적 위협을 당하는 경우 • 언어폭력이나 심한 비교, 가족 내 따돌림, 집 밖으로 쫓아내는 행위
성(性) 학대	방임
• 아동을 대상으로 한 모든 성적 행동 • 아동의 나이에 맞지 않는 성적 행동이나 과한 성 지식	• 기본적인 의식주를 제공하지 않는 행위 • 아동에게 필요한 의료적 처치를 하지 않거나 청결하지 않은 환경에 노출시키는 경우

아동 학대의 유형

 알아두면 좋아요 아동 학대를 발견했을 때 이렇게 하세요

• 아동 학대 신고 방법

[1단계] 아동 학대 의심 및 발견	[2단계] 아동 학대 신고(112)	[3단계] 아동보호전문기관과 협력 유지
• 아동 학대로 의심되는 상황 확인 • 응급 상황 시 아동의 안전을 우선 확보 ㉠ 긴급한 경우에는 아동을 먼저 병원에 데려가서 치료를 받게 한 후에 신고	• 가능한 자세하게 학대 관련 사항을 신고 • 학대 의심 내용, 학대를 한 사람, 신고한 사람에 대한 정보를 전달 ※ 신고한 사람은 법에 의해 보호받음	• 피해 아동이 또다시 학대를 받지 않는지 지속적으로 관찰 • 의심스러운 상황 발생 시 아동보호전문기관에 전달

• 아동 학대 예방을 위한 아이지킴콜 112 모바일 앱

• 아동 학대 신고 의무와 아동 학대 예방에 대한 내용을 쉽게 알 수 있도록 하기 위해 만든 앱
• 모바일 기기의 플레이스토어나 앱스토어에서 '아이지킴콜'을 검색하여 설치
• 아동 학대 신고 방법, 전국의 아동보호전문기관 현황, 아동 학대 예방에 관련된 자료 제공

근로 생활과 관련 있는 법에는 무엇이 있을까?

근로 계약 맺기

직장에서 일을 시작하기 전에 먼저 근로 계약을 맺어야 한다. 근로 기간, 근로 시간, 근로 장소, 업무 내용, 임금, 휴일 등을 근로 계약서라는 문서에 분명하게 기록해 두어야 한다. 그래야 근로자로서의 권리를 법적으로 충분히 보호받을 수 있다. 근로 계약서는 2부를 작성하여 하나는 근로자 자신이 갖고, 다른 하나는 회사 담당자가 보관한다.

표준 근로 계약서(기간의 정함이 있는 경우)

_____(이하 "사업주"라 한다)과(와) _____(이하 "근로자"라 함)은 다음과 같이 근로 계약을 체결한다.

1. 근로 계약 기간:　　　년　월　일부터　　　년　월　일까지
2. 근무 장소:
3. 업무의 내용:
4. 소정 근로 시간*：　시　분부터　시　분까지
　　　　　　　　(휴게 시간:　시　~　시　분)
5. 근무일/휴일: 매주　일(또는 매일 단위)근무, 주휴일 매주　요일
6. 임금
　- 월(일, 시간)급: _____원
　- 상여금: 있음 (　) _____원, 없음 (　)
　- 기타 급여(제수당 등): 있음 (　), 없음 (　)
　　_____원, _____원
　　_____원, _____원
　- 임금 지급일: 매월(매주 또는 매일) ____일(휴일의 경우는 전일 지급)
　- 지급 방법: 근로자에게 직접 지급(　),
　　　　　　　근로자 명의 예금 통장에 입금(　)

7. 연차유급휴가*
　- 연차유급휴가는 근로기준법에서 정하는 바에 따라 부여함
8. 사회 보험 적용 여부(해당란에 체크)
　□ 고용보험　□ 산재보험　□ 국민연금　□ 건강 보험
9. 근로 계약서 교부
　- 사업주는 근로 계약을 체결함과 동시에 본 계약서를 사본하여 근로자의 교부 요구와 관계없이 근로자에게 교부함(근로기준법 제17조 이하)
10. 기 타
　- 이 계약에 정함이 없는 사항은 근로 기준 법령에 의함

　　　　　　　　　　　　　　　　년　　　월　　　일

(사업주)　사업체명:　　　　　(전화:　　　)
　　　　　주　　소:
　　　　　대 표 자:　　　　(서명)
(근로자)　주　　소:
　　　　　연 락 처:
　　　　　성　　명:　　　　(서명)

소정 근로 시간
- 법으로 정해진 근로 시간 내에서 하루에 몇 시간을 일할지 정한 시간을 기록함.
- 휴게 시간은 4시간 근무 시 30분, 8시간 근무 시 1시간 이상을 기록함.

연차유급휴가
- 1년간 전체 근로일의 80% 이상을 출근한 근로자는 연차 휴가 15일이 부여됨.
- 1년 미만 또는 1년간 80% 미만 출근한 근로자는 1개월 개근 시 1일이 부여됨.

표준 근로 계약서 양식

한편, 유학생은 학업을 목적으로 한국에 온 것이기 때문에 돈을 벌거나 취업하는 활동은 원칙적으로 금지되어 있다. 다만, 일정한 요건을 갖추어 출입국 사무소의 허가를 받으면 시간제로 일을 할 수 있다. 보통, 한국어 능력이나 학위 과정에 따라 주 10시간에서 최대 30시간 근무가 가능하다.

법으로 정해 놓은 근로 시간

근로자의 권리와 건강을 위해서는 근로 시간을 일정하게 정해 놓아야 한다. 한국의 5인 이상 사업장은 1주 40시간, 1일 8시간을 넘게 일할 수 없도록 법으로 규정하고 있다. 다만 특별한 상황에서 회사와 근로자가 합의하면 1주 간에 12시간 이내로 더 일할 수 있다. 추가로 일을 하는 경우에는 원래 임금에 50%를 더한 임금을 받도록 하고 있다. 야간이나 휴일에 근로하는 경우에도 이와 마찬가지이다.

외국인 근로자 이해를 돕기 위한 고용주 교육
(전남 영암, 2023)

외국인 근로자가 안정적으로 일할 수 있도록 지원하는 교육
(전북 임실, 2023)

 알아두면 좋아요 **시간제로 일을 할 때에도 계약서를 꼭 써요!**

카페나 음식점에서 시간을 정해서 일을 하게 될 때에도 반드시 근로 계약서를 작성해야 한다.

이 경우, 일반적인 근로 계약 내용 외에 근로 날짜와 시간을 추가로 명시해야 한다. 이는 근로 시간을 자주 변경하거나, 근로자의 동의 없이 추가로 일을 하게 되는 것을 방지하기 위함이다.

내용 정리하기

01 관련 있는 내용을 서로 연결해 보세요.

10~30시간 ●

● 한국에서 19세 미만인 사람이 결혼할 때 필요한 것

부모의 동의 ●

● 출생 신고를 해야 하는 기간

아이가 태어난 후 1개월 이내 ●

● 유학생이 한 주 동안 일할 수 있는 시간

12시간 ●

● 회사와 근로자가 합의한 경우 1주일에 추가로 일할 수 있는 최대 시간

02 맞으면 O표, 틀리면 X표를 해 보세요.

혼인 신고를 해야 정식으로 법적인 부부가 된다.

아동 학대 사실을 봐도 가족이 아니면 신고할 수 없다.

근로 계약서는 근로자와 회사 담당자가 1부씩 갖는다.

한국에서는 근로 시간을 법으로 규정하고 있다.

03 빈칸에 알맞은 말을 써 보세요.

- ( )란 성인이 아동의 건강을 해롭게 하거나 신체적·정신적·성적 폭력을 가하는 것, 아동의 보호자가 아동을 제대로 돌보지 않는 것 등을 말한다.
- 법으로 정해진 근로 시간 이외에 추가로 근무했을 경우에는 원래 임금에 ( )%를 더한 임금을 받는다.

🏛 함께 이야기 나누기　일상생활 속에서 다른 사람에게 피해를 주는 행동의 예

여러 사람이 함께 있는 곳에서는 서로에게 피해를 주지 않기 위해 배려하고 질서를 지키는 것이 중요합니다. 한국에서는 아래와 같은 행동을 할 경우에는 벌금을 내는 등 법적으로 제재를 받을 수 있습니다.

- 금연 장소에서 담배를 피우는 행동
- 쓰레기, 껌, 담배꽁초 등을 아무 곳에나 버리는 행동
- 콘서트나 스포츠 경기, 전시회 등에서 암표[*]를 사고파는 행동
- 공원 등에서 반려견이 대변을 보았을 때 이를 치우지 않는 행동
- 길이나 공원 등에서 침을 함부로 뱉거나 대변, 소변을 보는 행동
- 산이나 공원에서 꽃, 나무, 풀 등을 함부로 꺾거나 바위, 나무 등에 글씨를 새기는 행동
- 많은 사람이 있는 장소에서 매우 거친 말이나 행동을 하여 주변 사람에게 피해를 주는 행동
- 칼이나 톱과 같이 사람의 생명과 신체를 위험하게 할 수 있는 도구를 아무 이유 없이 가지고 다니는 행동

---

*암표: 법을 위반하여 몰래 사고파는 각종 입장권이나 탑승권

- 위에 제시된 것 이외에 다른 사람에게 피해를 주거나 불쾌감을 느끼게 하는 행동에는 어떤 것이 있는지 말해 보세요.

- 자신의 고향 나라에서는 일상생활에서 어떤 행동을 하면 안 되는지 이야기를 나눠 보세요.

다음은 우리가 생활에서 겪는 법적인 문제를 해결하기 위한 제도나 기관입니다.

이와 같은 제도나 기관을 알고 있습니까? 이러한 제도나 기관은 어떠한 경우에 필요할까요?

외국인 법률 상담 모습

대한민국 법원 로고

재판 모습

대법원 전경 모습

법으로 문제를 해결해요

1 어떻게 법의 도움을 받을 수 있을까?
- 마을 변호사 제도
- 법률 상담 지원 기관

2 재판이란 무엇일까?
- 재판의 의미
- 재판의 종류

이 단원을 배우고 나면

- 법의 도움을 받을 수 있는 제도와 기관을 설명할 수 있다.
- 재판의 의미와 종류를 설명할 수 있다.

어떻게 법의 도움을 받을 수 있을까?

마을 변호사 제도

미국에서 온 유학생 OOO 씨는 한국 친구로부터 이번 여름 방학 때 아르바이트를 같이 하지 않겠냐는 제의를 받았다. OOO 씨는 한국어 실력도 향상하고, 학비도 마련할 수 있는 좋은 기회라고 생각하였다. 그러나 자신의 비자 자격으로 아르바이트가 가능한지, 아르바이트를 할 수 있다면 어떤 절차를 거쳐야 하는지 잘 몰라서 망설이고 있었다.

이와 같이 한국에서 생활하는 외국인 중에는 한국어로 대화하기 어렵고 한국의 법도 잘 몰라서 일반적인 방식의 법률 상담을 받기 어려운 경우가 많다. 한국에서는 이들을 돕기 위해 '외국인을 위한 마을 변호사 제도'를 실시하고 있다.

외국인을 위한 마을 변호사 제도를 알아보아요.

어떤 제도인가요?
한국어 의사소통의 어려움과 정보 부족으로 법률 서비스를 제대로 이용하지 못하는 한국 내 외국인에게 무료로 법률 상담 서비스를 제공

누가 이용할 수 있나요?
- 한국에 거주하는 모든 외국인
- 한국어로 충분히 의사소통하기 어려운 외국인도 이용 가능

어떻게 이용할 수 있나요?

- 1345에 전화를 건다.
  - → 상담 언어를 선택한다(다국어로 상담 가능).
  - → 법률 상담을 요청한다.
  - → 통역이 필요 없으면 신청자와 변호사를 직접 연결하여 상담한다.
  - → 통역이 필요한 경우, 상담원과 신청자, 변호사 세 사람을 연결하여 통역을 지원한다.
- 체류, 비자, 근로 문제, 일상생활 문제 등 다양한 주제에 대해 상담 가능

법률 상담 지원 기관

각 지역의 외국인 근로자 지원 센터나 지방자치단체에서도 외국인 근로자, 결혼 이민자, 유학생 등이 일상생활 속 법률적 어려움을 해결하는 데 도움을 주기 위한 상담 프로그램 등을 운영하고 있다.

안산시 외국인 주민 상담 지원 센터 모습

안산시 외국인 주민 상담 지원 센터 안내(2023년 기준)

- 이용 시간: 월~목요일 9:00~18:00
  일요일 10:00~19:00
- 대표 전화: 1644-7111
- 상담 방법: 전화, 방문, 영상, Youtube(법률 및 노무 관련 영상 지원)
- 상담 언어(14개): 한국어, 영어, 중국어, 베트남어, 몽골어, 인도네시아어, 러시아어, 우즈벡어, 태국어, 필리핀어, 스리랑카어, 캄보디아어, 네팔어, 힌디어
- 누리집: cafe.naver.com/ansanservice

이런 문제에 대해 상담받을 수 있어요

| 회사에서 임금을 제때 주지 않을 때 | 집을 계약해야 하는데 어떻게 해야 하는지 모를 때 | 가정에서 폭력이 일어났을 때 | 한국에서의 체류 및 비자 관련 사항이 궁금할 때 |

 알아두면 좋아요 대한법률구조공단에서 도움을 받을 수 있어요

대한법률구조공단
누리집(www.klac.or.kr)

- 대한법률구조공단에서는 경제적 어려움 등으로 법의 보호를 충분히 받지 못하는 외국인을 위해 상담과 법률 서비스를 제공한다. 특히 한국에서 일하면서 임금을 제대로 받지 못한 외국인 근로자의 피해를 실질적으로 회복하는 데 많은 노력을 기울이고 있다.
- 132 법률 상담 콜센터: 긴급하게 법률 상담이 필요한 경우 132로 연락(월~금요일 9:00~11:50 / 13:00~17:50)

★대한법률구조공단: 경제적으로 어렵거나 법을 잘 몰라 법의 보호를 충분히 받지 못하는 사람들을 돕기 위해 설립된 법률 복지 기관

재판이란 무엇일까?

법과
우리 생활

재판의 의미

사회생활을 하다 보면 사람들 간에 돈이나 재산 등으로 인해 다툼이 일어나기도 한다. 또한 누군가 법을 어겨 다른 사람의 권리를 해치고 사회 질서를 어지럽히는 일도 생긴다. 그러한 문제가 생겼을 때 법원에서 법에 따라 옳고 그름을 가리는 과정을 재판이라고 한다. 법원은 재판을 통해 사람들 간의 다툼을 해결하고 잘못한 사람을 벌하며 사회 질서를 유지한다.

대법원에 있는 정의의 여신상

재판 모습

한국에서는 원칙적으로 하나의 사건에 대해 세 번까지 재판을 받을 수 있다. 이를 삼심 제도라고 한다. 이러한 제도를 운영하는 이유는 재판을 더욱 공정하게 하기 위해서이다.

삼심 제도 안내

재판의 종류

재판은 사건의 종류에 따라 달라진다. 대표적으로 민사 재판, 형사 재판, 가사 재판, 소년 보호 재판 등이 있다. 그 예는 다음과 같다.

민사 재판

개인 간의 분쟁을 해결하는 재판

형사 재판

사회 질서를 위협하는 범죄 사건에 적용되는 재판

가사 재판

이혼이나 상속 등 가족 간의 다툼을 해결하는 재판

소년 보호 재판

청소년의 범죄 사건 등을 해결하는 재판

 알아두면 좋아요 외국인 재판 통역 지원 제도에 대해 알고 있나요?

한국의 재판에 외국인과 관계된 사건이 많아지면서 외국인이 참여하는 경우가 증가하고 있다. 이에 따라 재판의 정확성과 공정성 확보를 위해 법원에서도 많은 노력을 기울이고 있다. 대표적인 예가 외국인이 재판에 참여할 때 통역 서비스를 지원하는 제도이다.

> **통역 · 번역 제공 언어**
> 영어, 중국어, 일본어, 베트남어, 몽골어, 러시아어, 우즈베크어, 프랑스어, 태국어, 인도네시아어, 필리핀어, 캄보디아어, 스리랑카어, 스페인어, 독일어, 네팔어, 아랍어, 방글라데시어, 파키스탄어 등

내용 정리하기

01 관련 있는 내용을 서로 연결해 보세요.

외국인을 위한 마을 변호사 제도 ●　　　● 법원에서 법에 따라 옳고 그름을 가리는 과정

재판 ●　　　● 한국어 의사소통의 어려움과 정보 부족으로 어려움을 겪는 외국인에게 법률 상담을 지원하는 제도

삼심 제도 ●　　　● 하나의 사건에 대해 세 번까지 재판을 받을 수 있는 제도

02 맞으면 O표, 틀리면 X표를 해 보세요.

외국인을 위한 마을 변호사 제도는 무료로 법률 상담 서비스를 제공한다.

외국인 근로자 지원 센터에서는 법률 상담을 받기 어렵다.

법원은 재판을 통해 잘못한 사람을 벌한다.

개인 간의 분쟁을 해결하는 재판은 형사 재판이다.

03 빈칸에 알맞은 말을 써 보세요.

> • 사람들 간의 다툼이나 법을 어기는 사람이 있을 때는 법원에서 법에 따라 옳고 그름을 가리는데, 이를 (　　　　　)이라고 한다.
> • 이혼이나 상속 등 가족 간의 다툼을 해결하는 재판을 (　　　　　)이라고 한다.

함께 이야기 나누기 영화와 드라마에서도 재판하는 모습을 볼 수 있어요

한국의 드라마와 영화에서도 재판 관련 이야기를 다룬 내용을 많이 볼 수 있습니다. 그중 드라마 「미스 함무라비」와 영화 「증인」을 소개합니다.

- 2018년 방영 / 출연: 고아라, 성동일 외
- 실제 판결 과정과 판사들의 이야기를 생생하게 담고 있는 드라마.
- 이 드라마의 원작 소설을 판사가 썼음.

- 2019년 개봉 / 출연: 정우성, 김향기 외
- 용의자의 변호를 맡게 된 변호사와 사건의 목격자인 자폐아 소녀와의 이야기가 담긴 영화.
- 제55회 백상예술대상 영화 부문 대상을 수상함.

- 자신이 재미있게 본 재판 관련 드라마나 영화를 소개해 보세요.

- 한국의 재판 제도와 자신의 고향 나라 재판 제도의 같은 점과 다른 점은 무엇이 있는지 이야기해 보세요.

다음은 한국에 대해 배우고 싶거나

한국 사회에 정착을 희망하는 외국인에게 도움을 주는 프로그램입니다.

여러분은 한국 사회 적응을 위해 어떤 프로그램에 참여해 보았나요?

앞으로는 어떤 프로그램에 참여해 보고 싶나요?

사회통합프로그램 수업 모습

법무부 주관 이민자 멘토 교육 모습

재외동포청 동포청소년 초청 모국 연수 모습

서울출입국 · 외국인청 이민자 가정 자기 주도 학습 캠프 모습

CHAPTER
04

한국 사회 구성원으로 살아요

이 단원을 배우고 나면

- 외국인의 정착을 지원하는 법과 제도를 설명할 수 있다.
- 외국인이 지켜야 하는 의무를 제시할 수 있다.

외국인을 위한 법과 제도에는 무엇이 있을까?

한국에서 생활하는 외국인을 위한 법

한국에서 살고 있는 외국인이 꾸준히 늘어나고 있다. 한국 정부는 외국인도 한국 사회의 중요한 구성원이라고 보고 이들이 한국 사회에서 잘 정착하고 안정적인 생활을 할 수 있도록 지원하는 법과 제도를 운영하고 있다.

'재한외국인처우기본법'을 그 예로 들 수 있다. 이 법에 따라 한국에서 생활하고 있는 외국인 또는 그 자녀에 대한 불합리한 차별을 방지하고 인권을 보장받을 수 있도록 하는 교육과 정책이 시행되고 있다. 또한 매년 5월 20일을 '세계인의 날'로 정하여 한국인, 외국인을 구분하지 않고 다양한 사람들이 서로 소통하고 교류할 수 있는 자리를 마련하고 있다.

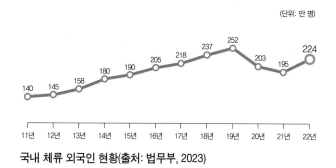

국내 체류 외국인 현황(출처: 법무부, 2023)

2023년 제16회 세계인의 날 기념식 모습

외국 국적 동포를 위한 법

최근 외국에 있던 동포가 한국에 들어와 거주하는 경우가 증가하고 있다. 이에 맞추어 한국 정부는 재외 동포 비자 자격(F-4)을 부여할 수 있는 대상도 확대하였다. 2019년에는 법을 개정하여 4세대 이후 동포도 재외 동포 범위에 포함하여 이들이 안정적으로 한국 생활을 할 수 있도록 하였다.

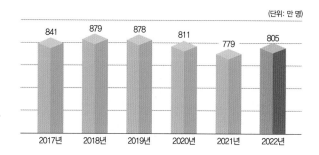

연도별 외국 국적 동포 체류 현황(출처: 법무부, 2023)

사회통합을 위한 제도

외국인이 한국 사회에 적응하는 데 도움을 주기 위해 법에 따라 조기 적응 프로그램과 사회통합프로그램을 시행하고 있다.

또한 한국에 거주하고 있는 외국인들의 모임을 활성화하여 언어, 문화적 차이, 경제적 어려움 등을 극복하고, 한국 사회의 능동적인 구성원으로 성장할 수 있도록 '이민자 네트워크' 제도를 활성화하고 있다.

이민자 네트워크 활동 모습

이민자 멘토 교육 모습

그리고 한국 사회에 성공적으로 정착한 이민자를 멘토로 활용하여 초기 이민자와 한국 사회 적응에 대한 경험을 나누고 국민과 재한 외국인의 문화를 서로 이해할 수 있도록 하는 '사회통합 이민자 멘토단' 제도도 운영하고 있다.

 알아두면 좋아요 외국인종합안내센터(1345)를 이용해 보세요

어떤 곳인가요?
☞ 「재한외국인처우기본법」에 따라 다국어로 외국인의 한국 생활 적응에 필요한 상담과 정보 제공

어떤 도움을 주나요?
☞ 출입국 관련 상담과 생활 편의 안내 서비스
☞ 행정 기관, 지방자치단체 등 외국인 관련 업무 기관과의 상담에 대한 통역 서비스
☞ 외국인을 위한 마을 변호사 제도 운영을 위한 통역 서비스

어떻게 이용할 수 있나요?
☞ 상담 시간: 평일 09:00~22:00
　　　　　(저녁 6시 이후에는 한국어, 영어, 중국어 안내 운영)
☞ 대표 전화: 일반전화, 휴대 전화 관계없이 전국 어디서나 1345로 연결
　　　　　(해외에서 이용 시 + 82-1345)
☞ 다국어 상담: 1345 연결 후 ARS 안내에 따라 원하는 언어의 번호를 누른 뒤 *표 버튼을 누르면 해당 언어로 상담 진행

외국인이 지켜야 하는 것에는 무엇이 있을까?

세금 내기

한국 사회의 구성원으로 살아가는 외국인이 누릴 수 있는 혜택이 있는 것처럼, 반드시 지켜야 하는 것도 있다. 대표적인 것이 세금을 내는 것이다. 특히 한국에서 일을 하면서 일정한 소득을 얻는 외국인은 법에 따라 세금을 내야 한다. 세금이란 나라 살림에 필요한 돈을 마련하기 위해 정부가 거두어들이는 돈이다. 한국 정부 및 각 지방자치단체에서는 외국인을 위한 세금 납부*와 관련된 맞춤형 자료, 알기 쉬운 세무* 교실 프로그램 등을 통해 이를 안내하고 있다.

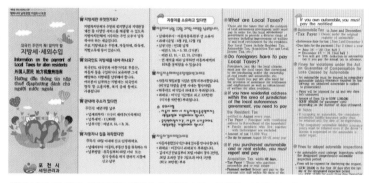

세금 납부 안내문: 외국인을 위해 3개 외국어로 번역함(포천시, 2019)

국세청 외국인 세금 관련 상담 누리집
(www.nts.go.kr/english/main.do)

*납부: 국가 기관이나 공공단체에 세금이나 공과금을 냄.
*세무: 세금과 관련된 업무

건강 보험 가입하기

한국에 6개월 이상 거주하는 외국인은 건강 보험에 가입해야 한다. 건강 보험에 가입하면 몸이 아프거나 다쳤을 때 적은 비용으로 필요한 치료를 받을 수 있다. 건강 보험료는 소득이나 재산에 따라 달라진다. 정확한 금액을 정하기 어려울 때는 한국 국민이 평균적으로 납부하는 건강 보험료를 낸다. 성실히 건강 보험료를 납부하여 체계적인 의료 서비스 및 다양한 건강 보험의 혜택을 받는 것이 건강한 삶을 위한 첫걸음이다.

외국인 건강 보험 가입 관련 안내 포스터

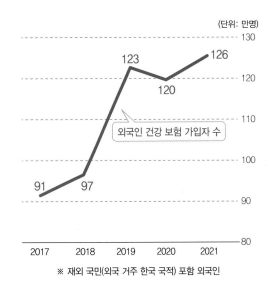

(단위: 만명)

외국인 건강 보험 가입자 수

91 97 123 120 126

2017 2018 2019 2020 2021

※ 재외 국민(외국 거주 한국 국적) 포함 외국인

외국인 건강 보험 가입 현황(국민건강보험공단, 2022)

 알아두면 좋아요 기초 질서와 범죄 예방에 대해 스스로 알아보기

서울경찰청에서는 한국에서 생활하는 외국인이 흔히 겪을 수 있는 생활 속 기초 질서와 법, 범죄 예방과 대처 방법에 대한 영상을 만들었다. 이 영상은 7개 언어로 제공되며 '유튜브-서울경찰청 채널'을 통해 시청할 수 있다(2020년 기준).

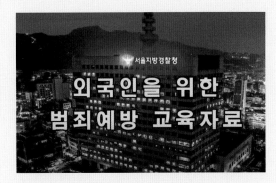

외국인을 위한 범죄 예방 교육 자료(서울경찰청, 2020)

지원 언어 및 누리집 주소

한국어	https://bit.ly/2So8fYi
영어	https://bit.ly/30x0HqJ
중국어	https://bit.ly/3l5sjuW
일본어	https://bit.ly/2Gp7bkC
러시아어	https://bit.ly/36yt3Vu
베트남어	https://bit.ly/3nehFUu
몽골어	https://bit.ly/30Aj8uJ

교육 내용
범죄 피해 신고 방법, 사기, 데이트 폭력 및 스토킹 예방법, 가정 폭력 대응 방법, 아동 학대, 도박, 교통 범죄, 마약 범죄, 유학생 아르바이트, 불법 체류자, 불법 택시 영업 등

내용 정리하기

01 관련 있는 내용을 서로 연결해 보세요.

세금 ●   ● 한국에서 생활하고 있는 외국인이 차별받지 않고 인권을 보장받을 수 있도록 하는 법

세계인의 날 ●   ● 나라 살림에 필요한 돈을 마련하기 위해 정부가 거두어들이는 돈

재한외국인처우기본법 ●   ● 한국인, 외국인을 구분하지 않고 다양한 사람들이 소통하고 교류하도록 지원하는 기념일

02 맞으면 O표, 틀리면 X표를 해 보세요.

한국에 거주하는 외국인이 점점 늘어나고 있다.

재외 동포 비자는 F-4이다.

외국인이 한국 사회에 적응하는 데 도움을 주기 위해 사회통합프로그램이 시행되고 있다.

건강 보험료는 소득이나 재산에 상관없이 동일하다.

03 빈칸에 알맞은 말을 써 보세요.

- 한국에서 일을 하면서 일정한 소득을 얻는 외국인은 법에 따라 (   )을 내야 한다.
- 한국에 6개월 이상 거주하는 외국인은 (   )에 가입해야 한다.

함께 이야기 나누기 생활법령정보 서비스를 이용하기

가정생활이나 일을 하면서 법의 도움이 필요하지만 어려운 내용이 있다면, '생활법령정보 서비스'를 이용할 수 있습니다. 꼭 필요한 생활법령을 12개 언어로 제공하고 있습니다(2024년 기준).

누구에게 국내 체류 중인 외국인

왜? 어려운 법 때문에 한국 생활 적응이 어려운 외국인을 돕기 위해

무엇을 실제 생활에 꼭 필요한 생활법령을 12개 언어로 번역하여 제공

어떻게 찾기 쉬운 생활법령정보 누리집(https://www.easylaw.go.kr) 방문

❶ '외국어 생활법령' 배너 클릭

❷ 원하는 '언어' 선택 후, 서비스 이용

외국어 생활법령정보 서비스는 12개 언어(영어, 중국어, 베트남어, 태국어, 일본어, 인도네시아어, 몽골어, 네팔어, 우즈베크어, 캄보디아어, 아랍어, 방글라데시어)로 제공됩니다.

스마트폰으로 찾아보는 생활법령정보 서비스

- 안드로이드폰: 플레이스토어에서 '찾기 쉬운 생활법령' 검색
- 아이폰: 앱스토어에서 '스마트 생활 법률' 검색

- '생활법령정보 서비스' 누리집에 접속해 보세요. 그리고 생활법령 찾기에 들어가서 관심 있는 내용을 검색하고, 이야기해 보세요.

(★ 주제별 생활법령의 예: 교통/운전, 부동산, 문화/여가 생활, 근로/노동, 아동·청소년/교육 등)

대단원 내용 정리

■ 〈보기〉에서 알맞은 것을 골라 빈칸에 써 보세요.

● 보기 ●

마을 변호사	18	차별	강제성	건강
세금	법원	근로 계약서	부모	안전

---

01 법이 필요한 이유

- 사회 구성원들의 합의에 따라 만들어진 (   ) 있는 규칙을 법이라고 한다.
- 감염병이 발생할 때는 법을 통해 사회 구성원의 (   )과 (   )을 보호한다.

---

02 일상생활 속의 법

- 한국에서는 (   )세가 되면 결혼할 수 있으며, 19세가 안 된 미성년자의 경우는 (   )의 동의가 있어야 한다.
- 일을 시작하기 전에 근로 기간, 근로 시간, 근로 장소, 업무 내용, 임금, 휴일 등을 (   )라는 문서에 기록해 두어야 한다.

---

03 법으로 문제를 해결해요

- 한국어 의사소통의 어려움과 정보 부족으로 법률 서비스를 제대로 이용하지 못하는 외국인을 위해 (   ) 제도를 운영하고 있다.
- (   )은 재판을 통해 사람들 간의 다툼을 해결하고 잘못한 사람을 벌하며 사회 질서를 유지한다.

---

04 한국 사회 구성원으로 살아요

- 재한외국인처우기본법에는 한국 사회에서 생활하고 있는 외국인 또는 그 자녀가 (   )을 받지 않고, 인권을 보장받을 수 있도록 지원하는 내용이 담겨 있다.
- 나라 살림에 필요한 돈을 마련하기 위해 정부가 거두어들이는 돈을 (   )이라 하며, 한국에서 일을 하면서 일정한 소득을 얻는 외국인도 반드시 내야 한다.

스스로 해결하기 골든벨을 울려라!

사회통합프로그램에 참여하고 있는 김아나스타시아, 다니엘, 정해란, 우구무르는 '외국인 도전 골든벨 퀴즈 대회'에 참가하였습니다. 그동안 열심히 배운 실력을 바탕으로 마지막 네 문제만을 남겨 두고 있습니다. 남은 문제를 모두 맞힌 사람이 골든벨을 울리게 됩니다.

> 다음 설명을 잘 듣고, 맞으면 ○표,
> 틀리면 ×표를 써 주세요.

1️⃣ 음주 운전을 한 경우에는 사고가 발생하지 않아도 처벌을 받습니다.
2️⃣ 한국에서는 18세가 되면 부모의 동의 없이 결혼을 할 수 있습니다.
3️⃣ '외국인을 위한 마을 변호사 제도'를 이용할 때에는 반드시 돈을 지불해야 합니다.
4️⃣ 한국에 6개월 이상 거주하는 외국인은 건강 보험에 가입해야 합니다.

1️⃣	○
2️⃣	×
3️⃣	○
4️⃣	×

김아나스타시아

1️⃣	×
2️⃣	○
3️⃣	○
4️⃣	×

다니엘

1️⃣	○
2️⃣	×
3️⃣	×
4️⃣	○

정해란

1️⃣	×
2️⃣	○
3️⃣	×
4️⃣	○

우구무르

• 골든벨을 울린 사람은 누구인가요?

스스로 탐구하기   사회통합 이민자 멘토단이 함께 해요!

혹시 '법무부 사회통합 이민자 멘토단'을 알고 있나요? 2020년 5월에 이민자들의 성공적 자립·정착 지원을 목적으로 만들어진 멘토단은 한국 사회에 모범적으로 정착한 선배 이민자가 멘토가 되어 후배 이민자에게 자신의 경험을 공유합니다.

사회통합 이민자 멘토단은 한국 사회가 다양성을 존중하고 아름답게 변화하는 데 실질적인 역할을 하기도 합니다. 2020년에는 외국인 등록증 영문 표기명이 'ALIEN REGISTRATION CARD' ▶ 'RESIDENCE CARD'로 변경되는 것에 큰 역할을 하였고, 2022년에는 환경 정화 활동에도 적극적으로 참여하였습니다.

이민자 멘토단 환경 정화 활동 모습

사회통합 이민자 멘토단 및 소감

 **(줄리안 퀸타르트/벨기에, 방송인)**   외국인 등록증은 한국에서 살아가는 많은 외국인들에게 첫인사 같은 것이라고 생각해요. 한국 사회 구성원으로서 작은 움직임이 만드는 큰 변화에 참여하게 되어 매우 기쁘고 고맙습니다.

(출처: 법무부, 2020)

• 만약 자신이 사회통합 이민자 멘토단의 구성원이라면 한국 정부에 어떤 것을 제안하고 싶은지 이야기해 보세요.

스스로 평가하기

01 〈보기〉에서 법의 특징에 대한 옳은 설명을 모두 고른 것은? (   )

> ● 보기 ●
> ㄱ. 강제성이 있다.
> ㄴ. 시대에 따라 바뀌지 않는다.
> ㄷ. 규정하는 내용이 불명확하다.
> ㄹ. 사회 구성원의 합의로 만들어진다.

① ㄱ, ㄴ   ② ㄱ, ㄹ   ③ ㄴ, ㄷ   ④ ㄴ, ㄹ

02 외국인을 위한 마을 변호사 제도에 대한 설명으로 옳지 <u>않은</u> 것은? (   )

① 국내에 거주 중인 모든 외국인이 이용 가능하다.
② 돈을 지불하지 않고 상담 서비스를 받을 수 있다.
③ 외국인과 상담원, 변호사 세 사람 간 통역이 지원된다.
④ 한국어 의사소통이 어려운 외국인은 이용이 불가능하다.

03 다음 글에서 설명하는 제도의 명칭으로 옳은 것은? (   )

> 한국에서는 원칙적으로 하나의 사건에 대해 세 번까지 재판을 받을 수 있다. 이를 ○○ ○○라고 한다.
> 이러한 제도를 운영하는 이유는 재판을 더욱 공정하게 하기 위해서이다.

① 일심 제도   ② 이심 제도   ③ 삼심 제도   ④ 사심 제도

04 다음 글에서 설명하는 기념일의 명칭으로 옳은 것은? (   )

> 한국에서는 매년 5월 20일을 (   )로 정하여 한국인, 외국인을 구분하지 않고 다양한 사람들이
> 서로 소통하고 교류할 수 있는 자리를 마련하고 있다.

① 성년의 날   ② 세계인의 날   ③ 세계 난민의 날   ④ 세계 여성의 날

우리의 일상생활과 함께하는 법 #일상생활 #함께 살아가는 사회 #준법 #모두의 안전과 행복

법은 언제나 우리의 일상생활 가까이에 있다. 우리는 사회 구성원으로서 법을 지켜야 한다. 그리고 법을 통해 보호를 받고 있다.

안전띠는 꼭 매야 해요

- 승용차나 택시, 고속버스를 탈 때 모든 승객은 안전띠를 매야 해요.
- 안전띠 미착용 시: 벌금 3만 원(2023년 기준)

안전하게 길을 건너요

- 횡단보도가 있는 곳에서 안전하게 길을 건너야 해요.
- 무단 횡단 시: 벌금 3만 원(2023년 기준)

불법 촬영은 절대 안 돼요

- 상대방의 동의를 받지 않고, 몰래 몸이나 행동을 촬영해서는 안 돼요.
- 불법 촬영 시: 벌금 5천만 원 이하 또는 7년 이하의 징역 (2023년 기준)

인터넷이나 휴대 전화로 상대방에게 불안감이나 공포심을 주면 안 돼요

- 인터넷이나 휴대 전화를 통해 메시지, 사진, 영상 등으로 불안과 공포감을 주어서는 안 돼요.
- 벌금 1천만 원 이하 또는 1년 이하의 징역 (※ 정도에 따라 더 높아질 수 있음)(2023년 기준)

가정 폭력으로부터 벗어날 수 있어요

- 가정 폭력이 발생했을 경우, 경찰서나 센터에 신고하여 '긴급 임시 조치'를 요청하세요.
- 문의: 경찰서(112), 여성 긴급전화센터(1366), 학교 · 여성폭력 긴급지원센터(117)

구입한 물건으로부터 피해를 받았을 때 보상받을 수 있어요

- 내가 구입한 물건에 흠이 있거나 피해를 받았을 때 보상받을 수 있어요.
- 문의: 한국소비자원(1372)

어디에서 일하든 국가에서 정한 최저 임금을 받을 수 있어요

- 직장에서 일하는 모든 사람들은 국가에서 정한 최소한의 임금 이상을 받을 수 있어요.
- 최저 임금: 1시간당 9,860원(2024년 기준)

예금은 5천만 원까지 보호받을 수 있어요

- 금융 기관의 영업이 정지되어도 보호 대상 금융 상품에 대해서는 원금과 이자를 합하여 5천만 원까지 보호받을 수 있어요.

- 자신의 고향 나라에서 지켜야 하는 법에는 무엇이 있나요?

제 2부

정치와 우리 생활

어느 중학생이 그린 민주주의에 대한 '마인드맵'입니다.
'민주주의' 하면 어떤 이미지가 떠오릅니까?

CHAPTER 05
민주주의가 걸어온 길

이 단원을 배우고 나면

- 민주주의의 의미와 이념에 대해 설명할 수 있다.
- 한국 민주주의의 특징을 설명할 수 있다.

민주주의는 무엇일까?

1 정치와 우리 생활

민주주의의 의미

국민이 나라의 주인으로서 나라를 직접 다스리는 방식을 민주주의라고 한다. 민주주의 국가의 주권은* 국민에게 있고 나라의 아주 큰 사건을 국민이 직접 결정한다.

오늘날 한국도 민주주의 국가로서 정치 영역뿐만 아니라 일상생활에서도 민주주의를 실현하기 위해 노력하고 있다. 한국도 과거에는 왕이나 귀족이 중심이 되어 나랏일을 결정했지만, 오늘날에는 국민이 재산이나 성별 등과 관계없이 자유롭게 자신의 목소리를 내고 정치에 참여할 수 있다.

과거에는 왕의 뜻에 따라 나라의 중요한 일을 결정하기도 했다.

오늘날에는 국민이 정치에 참여하여 나라의 중요한 일을 결정한다.

*주권: 국가의 의사를 최종적으로 결정하는 권력

 알아두면 좋아요   다양한 생각을 존중하는 민주적인 결정

나라의 중요한 일은 물론 일상생활에서도 어떤 일을 결정할 때 민주주의에 따르는 것이 좋다. 민주적인 결정을 하려면 먼저 자유롭게 그리고 충분히 대화하고 토론해야 한다. 그래도 의견이 하나로 모이지 않을 때는 많은 사람의 의견에 따르는 다수결 방식으로 결정하기도 한다. 그 경우에도 소수의 의견은 존중해야 한다. 많은 사람의 생각이라고 해서 꼭 옳은 것이 아닐 수 있고, 사람들의 다양한 생각을 존중하는 것이 민주주의의 기본이기 때문이다.

인간의 존엄성, 자유와 평등

한국의 민주주의에서는 인간을 소중하고 귀한 존재로 생각한다. 민주주의는 인간의 존엄성 실현을 목표로 한다. 인간의 존엄성이란 사람은 누구나 인간이라는 이유만으로도 소중한 존재로서 존중받아야 한다는 것을 의미한다. 인간의 존엄성을 실현하기 위해서는 자유와 평등이 필요하다. 자유란 국가나 다른 사람으로부터 간섭을 받지 않고 스스로 자신의 일을 할 수 있는 것을 말한다. 평등이란 모든 사람이 인종, 재산, 성별, 종교 등으로 인해 차별받지 않고 동등하게 대우받는 것을 말한다.

> **대한민국 헌법 제10조**
> 모든 국민은 인간으로시의 존엄과 가치를 가지며, 행복을 추구할 권리를 가진다.

 알아두면 좋아요 일상생활 속에서 인권이 존중되는 모습들

(출처: 매일신문, 2020.01.23.)

54살에 지방직 공무원으로 임용된 △△ 씨. 나이가 많다는 이유만으로 응시 자격조차 주지 않는 것에 대해 2009년에 공무원 채용 시험 응시 연령 제한을 폐지했다.

(출처: 한겨레)

다양한 사람들을 배려하기 위해 전철에는 여러 시설이 있다. 길이가 다른 손잡이, 노약자나 임산부 좌석 등이 해당한다.

장애인 전용 주차 구역 이미지 불명확함.

한국 민주주의 특징은 무엇일까?

정치와 우리 생활

2

민주적인 선거

선거는 민주주의 국가에서 나랏일을 맡아 일할 사람을 뽑는 것을 말한다. 한국에서는 1948년에 처음으로 민주적인 선거가 실시되었다. 당시에는 21세 이상의 국민이 선거에 참여하였다. 이후 수많은 선거를 거치면서 한국의 선거는 점차 더 민주적이고 안정된 모습을 갖추었다. 선거에 참여할 수 있는 나이도 점점 낮아져 2020년부터는 18세부터 선거에 참여할 수 있게 되었다.

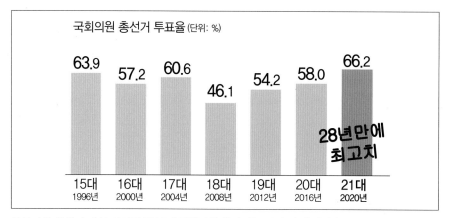

코로나19 유행 속에서 치러진 2020년 국회의원 총선거는 28년 만에 가장 높은 투표율을 기록했다.

(출처: 중앙선거관리위원회, 2020)

 알아두면 좋아요 가장 긴 비례 대표 투표용지

국회의원 총선거에서는 두 장의 투표용지가 사용된다. 한 장은 자신이 살고 있는 지역의 대표 후보자에게, 다른 한 장은 자신이 지지하는 정당에 투표한다.

2024년 제22대 국회의원 총선거에는 역대 가장 긴 투표용지가 등장했다. 비례 대표 선출을 위해 등록한 정당 수가 38개나 되었는데 이를 모두 담아야 했기 때문이다. 이 투표용지는 투표용지 분류기를 사용할 수 없을 정도로 길어서 손으로 직접 개표하였다.

2024년 4월 10일 제22대 총선 비례 대표 투표용지를 점검하고 있는 모습

표현의 자유

민주주의 사회에서는 자신의 의견을 자유롭게 표현할 수 있어야 한다. 한국에서는 사람들끼리 모여 자신들의 주장을 자유롭게 펼치는 것, 방송이나 신문, 책, 인터넷 등을 통해 자신의 의견을 활발히 제시하는 것 등을 보장하고 있다. 다만 다른 사람과 사회를 혼란에 빠뜨릴 수 있는 잘못되거나 거짓된 정보를 전달하는 것은 법에 따라 제한된다.

 알아두면 좋아요 헌법에서는 집회와 시위의 자유를 보장하고 있어요

(출처: 한겨레, 2020. 6. 21)

온라인 수업 전환으로 등록금 반환을 요구하는 대학생 시위 모습

배달 노동자들, 처우개선 위해 오토바이 행진 시위

(출처: YTN, 2023. 5. 10)

배달 노동자들, 처우 개선 위해 오토바이 행진 시위

(출처: 연합뉴스)

환경 단체의 기후 위기 비상 선언 촉구를 위한 집회

헌법에서는 집회와 시위의 자유를 보장하고 있다. 그래서 위의 사진처럼 다양한 모습으로 자신의 목소리를 낼 수 있다. 다만 국가 안전 보장·질서 유지 또는 공공복리를 위해서는 이러한 자유가 법에 따라 일부 제한될 수 있다.

내용 정리하기

01 관련 있는 내용을 서로 연결해 보세요.

자유 ●　　　　　　　● 국민이 나라의 주인으로서 나라를 다스리는 것

민주주의 ●　　　　　　● 인간은 단지 인간이라는 이유만으로도 존중받아야 한다는 것

인간의 존엄성 ●　　　　● 국가나 다른 사람의 간섭 없이 자신의 일을 할 수 있는 것

02 맞으면 O표, 틀리면 X표를 해 보세요.

한국은 민주주의 국가이다.	평등이란 모든 사람이 인종, 재산, 종교 등으로 차별받지 않고 동등하게 대우받는 것을 말한다.
한국은 2020년부터 18세도 선거권을 가지게 되었다.	한국에서는 표현의 자유가 보장되기 어렵다.

03 빈칸에 알맞은 말을 써 보세요.

- 민주주의는 인간의 (　　　　) 실현을 목표로 하고 있다.
- 한국에서는 사람들끼리 모여 자신들의 주장을 펼치고 방송이나 신문 등을 통해 자신의 의견을 제시하는 활동 등과 같은 (　　　　)의 자유를 보장하고 있다.

🏛 함께 이야기 나누기 　'5월 10일 유권자의 날'

5월 10일은 '유권자의 날*'이다. 보통·평등·직접·비밀 선거의 조건을 갖춘 한국 최초의 민주적 선거가 실시된 1948년 5월 10일 국회의원 총선거를 기념하기 위해 지정된 날이다.

＊유권자: 선거할 권리를 가진 사람

• 한국 생활에서 경험했던 선거 모습이 자신의 고향 나라와 어떤 것이 달랐는지 이야기해 보세요.

• 민주주의가 발전하려면 어떤 것들이 중요하다고 생각하는지 적어 보세요.

1순위	
2순위	
3순위	

다음은 선거에 나온 후보자가 자신을 뽑아 달라고 말하는 그림입니다.
선거에 나온 후보자는 어떤 일을 왜 해내겠다고 약속을 할까요?

공약(公約)
: 여러 사람 **공**, 약속 **약**
: 여러 사람 앞에서 다짐한 약속

CHAPTER
06

국민의 손으로 뽑는다

이 단원을 배우고 나면

- 선거의 필요성과 종류를 설명할 수 있다.
- 공정한 선거를 위해서는 무엇이 필요한지 설명할 수 있다.

선거는 왜 할까?

1 정치와 우리 생활

선거의 필요성

한국의 학교에서는 새로운 학년이나 학기가 시작되면 학교나 학급의 대표를 뽑아 대표에게 학교나 학급의 중요한 일을 맡긴다. 나랏일을 맡아서 할 사람을 뽑는 것도 이와 비슷하다. 한국에서는 선거를 통해 국민을 대표하여 나라의 중요한 일을 맡을 사람을 뽑는다. 선거는 국민이 정치에 참여할 수 있는 가장 기본적인 방법이다. 국민은 선거를 통해 자신의 뜻을 표현하고 주인으로서 권리를 행사한다.

 알아두면 좋아요 18세 유권자 첫 투표 소감 '사회의 진짜 일원이 되었어요'

2020년 4월 15일 국회의원 총선거에서 18세 유권자들은 생애 첫 투표권을 행사했다. 투표를 마치고 온 **고등학교 ○○학생의 소감은 다음과 같다. "아침 일찍 나갔는데도 불구하고 많은 사람이 줄을 서서 기다리는 모습을 보니 '사람들이 투표에 관심이 많구나'라는 생각을 했습니다. 학생이라는 신분으로 국회의원

출처: EBS 뉴스(2020.04.15.)

총선거에 처음 투표를 한 거잖아요. 그래서 설레기도 하고 새롭기도 했습니다. 사회의 진짜 일원이 된 생각에 뿌듯하기도 했습니다. 또 제 생각과 선택이 옳은 것인지 잘 몰랐는데 그래도 투표를 잘하고 온 것 같아서 좋았습니다."

선거의 종류

한국에서 실시되는 중요한 선거의 종류는 다음과 같다. 한국을 대표하는 대통령을 뽑는 대통령 선거, 한국의 법을 만드는 국회의원을 뽑는 국회의원 총선거, 도지사나 시장 등 지역을 대표하여 일할 사람을 뽑는 지방 선거가 있다.

 알아두면 좋아요 외국인 주민도 선거에 참여할 수 있어요

한국에서 실시되는 선거에는 기본적으로 한국 국민만 투표할 수 있지만, 지방자치단체의 대표자를 선출하는 지방 선거에서는 주민의 한 부분을 이루는 '일정 요건을 가진' 외국인도 선거권을 가진다. 영주권 취득 후 3년이 지난 18세 이상의 외국인으로서 해당 지방자치단체의 외국인 등록대장에 올라 있는 사람은 체류지가 있는 지방자치단체에서 투표할 수 있다. 2022년 지방 선거 당시 전체 유권자(44,303,449명)의 약 0.28%인 127,623명이 외국인 선거권을 가졌다.

지방 선거에 참여한 외국인의 소감

(출처: KBS, 2018.06.10.)

2 공정한 선거를 위한 방법은 무엇일까?

정치와 우리 생활

선거의 원칙

한국은 공정한 선거를 위해 보통 선거, 평등 선거, 직접 선거, 비밀 선거 원칙을 정해 놓고 있다.

보통 선거

평등 선거

직접 선거

비밀 선거

공정한 선거를 위한 관리 기관

선거가 공정하게 이루어지기 위해서는 일종의 심판 역할을 하는 기관이 필요한데 한국에서는 선거관리위원회가 그 일을 담당한다. 선거관리위원회는 선거에 나선 후보자들이 법을 어기지 않는지 살펴보고 그들이 법을 지키면서 선거 운동을 하도록 관리한다. 또한 좀 더 많은 사람이 선거에 참여하여 자신의 소중한 권리를 행사할 수 있도록 선거에 대해 널리 알리는 일도 한다.

알아두면 좋아요 선거에 투표할 때는 이것을 주의하세요

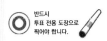 반드시 투표 전용 도장으로 찍어야 합니다.   펜이나 도장으로 표시하면 무효가 됩니다.

 투표 도장을 네모 칸 안에 찍어야 합니다.   투표 도장을 네모 칸 밖에 찍으면 무효가 됩니다.

기표소 내부에 비치된 투표 도장 외에 연필이나 볼펜으로는 기표할 수 없으며 사인을 하거나 이름을 적는 행위도 무효 처리된다.

투표 도장을 한 칸 안에 찍어야 한다. 두 칸의 경계선이나 칸 밖에 찍으면 무효가 된다.

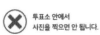 투표소 안에서 사진을 찍으면 안 됩니다.

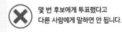 몇 번 후보에게 투표했다고 다른 사람에게 말하면 안 됩니다.

기표소 안에서는 절대 촬영할 수 없다. 입구에 설치된 포토존이나 표지판 앞에서는 사진을 찍을 수 있다.

비밀 선거 원칙에 따라 어느 후보에게 투표했다고 다른 사람에게 말할 필요가 없다.

내용 정리하기

01 관련 있는 내용을 서로 연결해 보세요.

평등 선거 ●   ● 국회의원을 뽑는 선거

총선거 ●   ● 누구나 공평하게 1인 1표씩 투표함

비밀 선거 ●   ● 선거가 공정하게 이루어지도록 하기 위해
                                심판 역할을 하는 기관

선거관리위원회 ●   ● 누구에게 투표했는지 다른 사람이 알 수 없음

02 맞으면 O표, 틀리면 X표를 해 보세요.

한국에서는 18세 이상
국민이면 누구나 선거에
참여할 수 있다.

한국에서 대통령은 지역을
대표하는 사람이다.

한국의 법을 만드는
국회의원을 뽑는 선거를
대통령 선거라고 한다.

선거관리위원회는 후보자가
법을 지키면서 선거 운동을 할
수 있도록 관리한다.

03 빈칸에 알맞은 말을 써 보세요.

• 국민이 정치에 참여할 수 있는 가장 기본적인 방법은 (   )이다.
• 도지사나 시장 등 지역을 대표하여 일할 사람을 뽑는 선거를 (   ) 선거라고 한다.

🛎️ 함께 이야기 나누기   우리 지역의 대표를 뽑을 수 있어요

다음 글은 한국의 지방 선거에서 투표를 한 ☆☆ 씨의 소감입니다.

안녕하세요? 저는 중국에서 온 ☆☆입니다.

저는 한국에 온 지 10년이 되었고 영주권을 가지고 있습니다.

평소 한국의 선거에 대해 궁금했습니다.

사회통합프로그램을 통해 한국에 대해 공부를 하면서 외국인인 저도 지방 선거에 참여할 수 있다는 것을 알게 되었습니다.

미리 선생님한테 어떻게 투표하는지 배웠습니다.

2018년 6월에 한국의 지방 선거에서 투표했습니다.

외국인 등록증을 가지고 집 근처 투표소에 갔던 기억이 생생합니다.

비록 외국인이지만 저의 권리를 행사할 수 있어서 뿌듯했습니다.

• 자신이 지금 살고 있는 지역의 대표가 누구인지 인터넷을 검색해 봅시다.

지역	_____도 _____시(군) 또는 _____시 _____구
대표	도지사, 시장, 군수, 구청장 등
이름	

• 지역 대표의 공약은 무엇입니까?

다음은 학생들이 방문한 국가의 여러 기관입니다.

여러분이 직접 가 보았거나 TV로 본 적이 있는 기관은 어디입니까?

CHAPTER 07

한국의 국가 권력

이 단원을 배우고 나면

- 한국의 대통령과 행정부가 하는 일을 설명할 수 있다.
- 한국의 국회와 법원이 하는 일을 설명할 수 있다.

대통령은 어떤 일을 할까?

대통령의 하루

각 나라마다 나라를 대표하여 나랏일을 책임지는 사람이 있다. 어떤 나라에서는 왕이, 또 다른 나라에서는 주석이나 총리가 그러한 역할을 맡고 있다. 한국에서는 대통령 선거를 통해 뽑힌 대통령이 나라 살림을 이끌어 가는 최고 책임자이다. 또한 다른 나라에 대하여 한국과 한국 국민을 대표한다. 대통령은 자신을 도와 나랏일을 함께 할 사람을 임명하며, 국무회의를 열어 나라의 중요한 결정을 한다. 다른 나라의 최고 책임자를 만나 두 나라 간에 중요한 일을 함께 의논하기도 한다.

*임명: 일정한 지위나 일을 다른 사람에게 맡김
*국무회의: 대통령을 비롯한 나라의 중요한 일을 맡은 사람이 모여서 의논하는 회의

 알아두면 좋아요 **모두를 위한 청와대로의 개방**

청와대는 한국의 역대 대통령이 일했던 곳으로 서울특별시 종로구에 위치해 있다. 대통령 집무실을 서울특별시 용산으로 옮기면서 2022년 5월부터 청와대를 개방하여 누구나 관람할 수 있게 되었다.

청와대 관람 신청 누리집

- 청와대 관람 신청 누리집: http://reserve.opencheongwadae.kr
- 청와대 관람 예약 시스템으로 예약을 한 사람은 누구나 청와대 곳곳을 자유롭게 둘러볼 수 있습니다.
- 관람 시간: (3~12월) 9시~18시 / (12~2월) 9시~17시 30분 (2024년 1월 기준)

나라의 살림을 맡는 정부

나라에 필요한 정책을 만들고 나랏일을 직접 담당하는 곳을 행정부 또는 정부라고 한다. 행정부는 대통령, 국무총리, 장관을 비롯한 많은 공무원으로 구성되어 있다. 행정부는 한국의 경세, 교육, 법과 질서, 국방, 건강, 통일, 예술 등 국민의 안전하고 편리한 생활을 하는데 필요한 일들을 나누어 맡고 있다. 한국의 행정부에는 법무부, 교육부, 국방부, 통일부, 검찰청, 경찰청, 소방청 등이 속해 있다.

정부세종청사

정부서울청사

정부과천청사

정부대전청사

국회와 법원은 어떤 일을 하는 곳일까?

2 정치와 우리 생활

법을 만드는 국회

한국의 법은 누가, 어디서 만들까? 한국은 국회에서 법을 만든다. 국회는 국회의원 총선거를 통해 뽑힌 국회의원이 모여 일을 하는 곳이다. 국회의원은 나라에 필요한 법을 새로 만들거나 이미 있던 법을 고치는 일을 한다. 국회에서 만든 법을 기초로 하여 행정부가 정책을 만들기 때문에 국회의 역할은 매우 중요하다. 또한 국회는 행정부가 나라 살림에 쓸 돈을 어디에 얼마나 쓸 것인지를 결정하고, 행정부가 나랏일을 잘 하고 있는지 매년 확인한다.

법안 발의　　　　　　법안 상정　　　　　　법률로 확정

 알아두면 좋아요 　국회의사당의 기둥에는 어떤 뜻이 담겨 있을까?

국회의사당

국회 본회의장

국회의원이 일하는 곳인 국회의사당은 서울시 영등포구 여의도에 있다. 국회의사당 외부는 24개 기둥이 떠받치고 있다. 이 기둥은 24절기를 상징하며, 전면의 기둥 8개는 전국의 8개 도를 상징한다. 24개의 기둥은 국민의 다양한 의견을 뜻하며 '돔' 지붕은 국민의 의견이 토론을 거쳐 하나의 결론으로 모여진다는 의회 민주 정치를 상징한다.

재판을 하는 법원

국회에서 만든 법이 지켜져야 나라 살림도 잘 이루어지고 사회의 질서도 유지할 수 있다. 그런데 누군가는 법을 어기기도 하고 다른 사람들과 다툼을 벌이기도 한다. 이러한 경우에는 재판을 통해 문제를 해결할 수 있다. 재판은 법원이 법을 해석하고 적용하면서 옳고 그름을 판단하는 것을 가리킨다. 법원의 종류에는 대법원, 고등법원, 지방법원, 가정법원 등이 있다.

대법원

재판하는 모습

 알아두면 좋아요 **국가 권력을 나누어 놓은 이유는 무엇일까?**

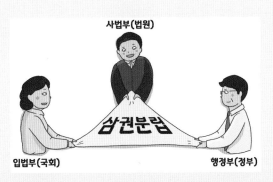

국가가 가진 많은 권력이 어느 한 사람이나 하나의 기관에 몰려 있다면 어떤 일이 벌어질까? 아마 그 사람이나 기관 마음대로 나랏일을 하게 될 것이다. 그것은 민주주의에 맞지 않는 방식이다. 민주주의 국가에서는 권력을 어느 한 사람이나 기관이 독차지하지 않도록 하기 위해 권력을 나누어 놓는다. 한국에서도 국가 권력을 입법부(국회), 행정부(정부), 사법부(법원)에게 나누어 놓고 있다.

내용 정리하기

01 관련 있는 내용을 서로 연결해 보세요.

정부 ●   ● 나라에 필요한 법을 만들거나 고치는 곳

국회 ●   ● 나라에 필요한 정책을 만들고 나랏일을 직접 담당하는 곳

법원 ●   ● 법에 따라 재판을 하는 곳

02 맞으면 O표, 틀리면 X표를 해 보세요.

한국에서는 대통령이 나라를 대표한다.

법무부는 법원의 한 기관이다.

법원에서는 법을 만든다.

국회의원과 대통령은 선거를 통해 뽑는다.

03 빈칸에 알맞은 말을 써 보세요.

> • 한국의 법을 만드는 곳은 (   )이다.
> • 대통령은 한국을 대표하는 사람이고 나라 살림을 맡는 (   )의 최고 책임자이다.
> • (   )은 사법부인 법원이 법을 해석하고 적용하여 옳고 그름을 판단하는 것을 가리킨다.

후보자의 능력과 자질을 살펴볼 수 있는 다양한 기준

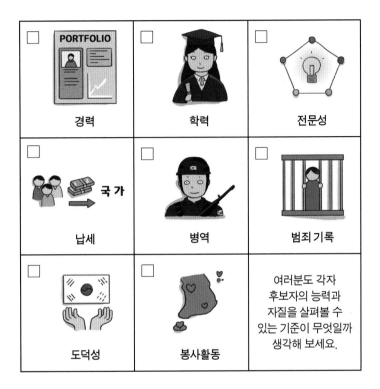

☐ PORTFOLIO 경력	☐ 학력	☐ 전문성
☐ 국가 납세	☐ 병역	☐ 범죄 기록
☐ 도덕성	☐ 봉사활동	여러분도 각자 후보자의 능력과 자질을 살펴볼 수 있는 기준이 무엇일까 생각해 보세요.

• 여러분이 특별히 중요하게 생각하는 지도자의 자질은 무엇인가요? 그 이유는 무엇인가요?

• 자신의 고향 나라의 훌륭한 정치 지도자를 소개해 보세요.

다음은 2018년 평창동계올림픽에서 한반도기를 함께 든 남한과 북한 선수들이 '아리랑'이라는 곡에 맞추어서 입장하는 사진입니다.

이때 왜 한반도기를 들고 입장했을까요?

(출처: 연합뉴스)

CHAPTER
08

남북통일과 세계

이 단원을 배우고 나면

· 6 · 25 전쟁과 남북통일을 위한 노력에 대해 설명할 수 있다.
· 국제 사회에서 활동하는 한국의 다양한 모습을 제시할 수 있다.

남북통일을 바라며

1 정치와 우리 생활

6·25 전쟁과 분단

한국은 1950년 북한의 침략으로 시작된 6·25 전쟁을 겪었다. 3년 넘게 벌어진 전쟁으로 건물과 땅이 파괴되었고 많은 사람이 죽거나 다쳤다. 전쟁을 피해 많은 사람들이 고향을 떠났는데, 남북 분단*이 계속되면서 다시 고향으로 돌아가지 못한 사람들도 많다. 그렇게 서로 헤어지게 된 가족을 이산가족이라고 한다. 남북 분단은 남한과 북한 주민에게 부담과 고통을 주고 있다. 이러한 문제를 해소하고 세계 평화에도 도움을 주기 위해서는 남북통일이 필요하다.

*분단: 나누어 갈라짐

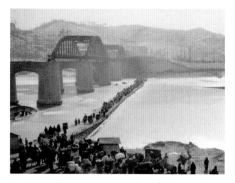

6·25 전쟁으로 한강을 건너는 수많은 피난민

휴전선의 길이는 약 250km(동해안의 고성에서 서해안의 강화까지) (출처: 연합뉴스)

 알아두면 좋아요 6·25 전쟁에 참전하여 한국을 도운 유엔(UN)군

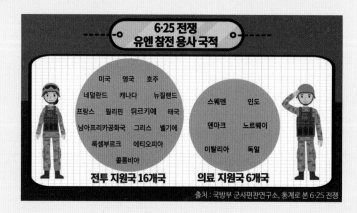

남북통일을 위한 노력

남한과 북한은 6·25 전쟁 이후 서로 대립하고 갈등하기도 했지만 경제, 관광, 스포츠 등에서는 협력하는 모습도 보였다. 또한 이산가족이 서로 만나 이야기를 나눌 수 있는 자리를 만들기도 했다. 한편 남한의 대통령과 북한의 최고 지도자가 만나 한반도의 평화를 위해 힘을 모으기로 약속하기도 했다. 이러한 노력을 포함하여 남한과 북한이 꾸준히 대화하고 교류하면서 국제 사회의 지지를 얻어낸다면 남북통일에 더욱 가까이 다가갈 수 있다.

2015년 남북 이산가족 만남 행사에서 한국의 할머니와 북한의 아들이 만나 기뻐하고 있다.

2018년 '판문점 선언문'에 서명한 뒤 손을 들어 보이는 남북 정상(출처: 연합뉴스)

 알아두면 좋아요 **판문점은 어떤 곳일까?**

판문점은 6·25 전쟁 때 유엔군과 공산군이 만나 전쟁을 멈추자는 의논을 한 곳이다. 그 이후에는 남한과 북한의 만남과 회의를 위한 장소로 활용되고 있다. 2018년에는 판문점 평화의 집에서 남한 문재인 대통령과 북한 김정은 위원장이 남북 정상 회담을 진행하였다.

경기도 파주시 진서면, 비무장 지대 군사 분계선상에 있는 판문점

2018년 남북 정상이 판문점에서 만나 인사하는 모습
(출처: 연합뉴스)

국제 사회에서 한국은 어떤 모습일까?

다른 나라와 협력하는 한국

한국은 과거에 외국의 도움을 받아 전쟁의 피해를 회복하고 민주주의와 경제를 발전시켜 왔다. 이제는 한국이 국제 사회에 보답하고 있다. 한국은 세계에 어려운 일이 생겼을 때 그것을 해결하기 위해 적극적으로 지원하고 있다. 예를 들어, 한국의 국군은 해외 분쟁 지역에서 유엔 평화 유지군 활동을 하고 있다. 또한 전염병 검사나 예방을 위해 방역 용품이 필요한 나라를 지원하고 있으며, 지진 등으로 큰 피해를 입은 나라에 돈과 물품, 구조대를 보내기도 한다.

2015년 네팔 지진 피해 지원을 위해 출동한 해외 긴급 구호대 대원들 (출처: 연합뉴스)

2020년 유엔 평화 유지 활동을 위해 레바논에 파병된 동명부대

 알아두면 좋아요 한국 여권만 있으면 193개국을 무비자로 여행할 수 있어요

외국을 여행하기 위해서는 여권, 항공권과 함께 미리 해당 국가의 비자를 발급받아야 한다. 하지만 한국 여권을 갖고 있다면 비자 없이도 193개국을 여행할 수 있다(2024년 기준).

한편 프랑스 여권과 이탈리아 여권으로는 194개국을, 영국 여권으로는 191개국을, 미국과 캐나다 여권으로는 188개국을 무비자로 여행할 수 있다.

한국 전자 여권(차세대 여권)

세계로 진출하는 한국인

한국인 중에는 세계 무대에서 자신의 뛰어난 재능을 보여 준 사람도 있다. 유엔 사무총장을 지낸 반기문 총장, 아카데미 영화제 작품상을 받은 봉준호 감독, 미국 음악 차트에서 1위를 차지한 BTS 등이 그 예이다. 세계에서 활동하는 한국인의 노력은 세계와 한국이 더 가까워지도록 하는 데 큰 도움을 주고 있다.

제72회 칸 영화제에서 황금종려상을 수상한
봉준호감독(2019)(출처: 연합뉴스)

알아두면 좋아요 [튀르키예 강진] 소방청, 지진 현장에 국제 구조대 61명 파견

소방청은 튀르키예 지진 실종자 수색 등을 위해 국제 구조대 61명을 현지에 파견한다고 밝혔다. 국제 구조대는 현지에서 첨단 장비와 구조견 등을 활용해 실종자 수색·구조 활동을 펼친다.
한국 정부는 튀르키예 정부의 요청을 받고 구조대 파견을 결정했다. 1997년 설립된 국제 구조대는 1997년 캄보디아 프놈펜공항 베트남 여객기 추락사고, 2015년 네팔 지진 등 이제까지 17차례의 해외 출동으로 재난 현장에서 인명 구조 활동을 펼쳐왔다.

(출처: 연합뉴스, 2023)

내용 정리하기

01 관련 있는 내용을 서로 연결해 보세요.

6 · 25 전쟁 ●
　　　　　　　　　　　　　　　● 남북 정상 회담이 열린 장소

판문점 ●
　　　　　　　　　　　　　　　● 북한의 침략으로 시작된 전쟁

이산가족 ●
　　　　　　　　　　　　　　　● 고향을 떠나 서로 헤어지게 된 가족

02 맞으면 O표, 틀리면 X표를 해 보세요.

한국은 현재 통일 국가이다.

6·25 전쟁 이후 남한과 북한은 계속 대립과 갈등만을 겪어 왔다.

남북 분단으로 많은 이산가족이 생겼다.

오늘날 한국은 과거에 국제 사회로부터 받았던 도움에 보답하고 있다.

03 빈칸에 알맞은 말을 써 보세요.

- 남한의 대통령과 북한의 최고 지도자가 판문점에서 만나 남북 (　　　　　) 회담을 열었다.
- 한국의 국군은 해외 분쟁 지역에서 유엔 (　　　　) 활동을 하고 있다.

함께 이야기 나누기 한국이 속한 국제기구에는 어떤 것이 있을까?

경제협력개발기구(OECD): 각 나라의 경제 발전과 세계 경제 문제에 공동으로 대응하기 위해 만든 국제기구

아시아 · 태평양경제협력체(APEC): 태평양을 둘러싸고 있는 아시아, 아메리카, 오세아니아 지역 국가의 경제 협력을 위한 국제기구

국제노동기구(ILO): 노동자의 근로 조건과 지위를 높이기 위해 만든 국제기구

G20(Group of 20): 미국, 러시아, 중국, 브라질, EU 등을 포함한 세계 주요 20개국이 모여 만든 국제기구

- 자신의 고향 나라와 한국이 함께 속해 있는 국제기구는 무엇인지 인터넷 검색을 통해 찾아 보세요.

- 검색한 국제기구는 어떤 일을 하나요?

대단원 내용 정리

■ 〈보기〉에서 알맞은 것을 골라 빈칸에 써 보세요.

┌─────────────── ● 보기 ● ───────────────┐
│   국회   국민   선거관리위원회   분단   법원   │
│   18   인간 존엄성   대통령   정부   이산가족   │
└──┘

05 민주주의가 걸어온 길	• 오늘날 한국의 주인은 ( )이다. • 민주주의는 자유와 평등을 통해 ( )을 실현하고자 한다.
06 국민의 손으로 뽑는다	• 한국에서는 ( ) 세 이상 국민이면 누구나 선거에 참여할 수 있다. • 공정한 선거를 위한 기관으로는 ( )가 있다.
07 한국의 국가 권력	• 행정부의 최고 책임자이며, 국가를 대표하는 사람은 ( )이다. • 법을 만드는 일은 ( ), 나라 살림을 이끌어 가는 일은 ( ), 법을 적용하고 판단하는 일은 ( )이 맡아서 한다.
08 남북통일과 세계	• 한국은 현재 ( )국가이지만 남북통일을 위해 노력하고 있다. • 6·25 전쟁으로 가족을 잃거나 생사를 알 수 없는 많은 ( )이 발생하였다.

<u>스스로 해결하기</u>   휴대 전화 비밀번호를 풀어라!

사회통합프로그램에 참여하고 있는 ☆☆☆ 씨는 휴대 전화 비밀번호를 잊어버렸습니다. 비밀번호를 알려면 아래의 뜻풀이에 해당하는 낱말에 적힌 숫자를 차례대로 입력해야 합니다. 뜻풀이에 해당하는 낱말을 찾아 휴대 전화의 비밀번호를 풀어 봅시다.

1 정치	2 자유	3 평등	4 주권	5 통일
6 국회	7 법원	8 민주주의	9 정부	0 이산가족

낱말 뜻풀이	숫자
국민이 나라의 주인으로서 나라를 직접 다스리는 방식	
국가나 다른 사람으로부터 간섭을 받지 않고 스스로 자신의 일을 할 수 있는 것	
국가의 의사를 최종적으로 결정하는 권력	
남북 분단으로 이리저리 흩어져서 서로 소식을 모르는 가족	
나누어진 것들을 합쳐서 하나로 모이게 함	

• 휴대 전화 비밀번호는 무엇인가요?

스스로 탐구하기   투표율을 높이기 위한 아이디어

한국에서는 투표를 하면 할인을 받을 수 있다?

(출처: 연합뉴스, 2020.04.15)

한국에서는 투표를 하면 투표 확인증을 받을 수 있다.
젊은 세대는 투표 확인증 인증샷을 개인 SNS에 올려
투표를 독려하기도 하고 여러 할인 이벤트에 참여한다.
투표 확인증을 가지고 가면 음식점에서는 반값 할인을,
야구장에서는 스포츠 관람권 할인을, 백화점에서는
사은품 등을 받을 수 있다.

투표를 안 하면 벌금을 내는 나라도 있다?

투표를 안 하면 법적 처벌을 받는 나라들이 있다.
이른바 '의무 투표제'다. 의무 투표제는 호주, 싱가포르,
튀르키예 등 여러 국가에서 시행 중이다.

호주는 의무 투표제를 시행하는 대표적 국가다.
오늘날과 같은 연방 국가 호주의 역사는 1901년
시작됐지만 정치에 대한 관심은 저조했다. 1903년 연방
선거 투표율이 46.3%에 불과했다.

이에 정부가 1925년 총선거부터 의무 투표제를
시행했다. 정당한 사유 없이 투표를 안 하면 벌금으로
20호주달러(약 1만 6400원)를 부과한다.

의무 투표제 시행 후 호주의 투표율은 90% 이상,
높게는 95%를 넘기는 경우도 나왔다.

(출처: 머니투데이, 2018.06.13.)

• 투표율을 높이기 위해서 어떻게 하는 것이 좋을지 이야기해 보세요.

스스로 평가하기

01 다음 빈칸에 들어갈 말로 옳은 것은? (　　)

한국은 1950년 (　　　　　　)으로/로 인해 건물과 땅이 파괴되었고, 많은 사람이 죽거나 다쳤다. 또한 가족을 잃거나 생사를 알 수 없는 많은 이산가족이 발생하였다.

① 8·15 광복　　　　② 6·25 선생　　　　③ 3·1 운동　　　　④ 5·10 총선서

02 다음 설명하는 기관의 명칭으로 옳은 것은? (　　)

국회가 만든 법을 가지고 나라의 살림살이를 하는 곳이다. 최고 책임자는 대통령이고, 국무총리와 각 부의 장관, 공무원으로 구성되어 있다.

① 학교　　　　② 법원　　　　③ 국회　　　　④ 행정부

03 한국의 선거에 대한 설명으로 옳지 <u>않은</u> 것은? (　　)

① 17세 이상 국민이면 투표할 수 있다.
② 선거관리위원회는 공정한 선거를 위해서 일한다.
③ 한국에는 대통령 선거, 국회의원 총선거, 지방 선거가 있다.
④ 재산이나 학력, 성별 등의 조건에 관계없이 1인 1표를 행사한다.

04 〈보기〉에서 한국의 민주주의에 대한 옳은 설명을 모두 고른 것은? (　　)

● 보기 ●

ㄱ. 한국에서는 정권이 교체된 적이 없다.
ㄴ. 국민이 나라를 다스리는 정치 형태이다.
ㄷ. 한국은 17세 이상이면 누구나 선거권을 가진다.
ㄹ. 민주주의의 목표는 인간의 존엄성을 실현하는 것이다.

① ㄱ, ㄴ　　　　② ㄱ, ㄹ　　　　③ ㄴ, ㄷ　　　　④ ㄴ, ㄹ

나라의 살림을 하는 곳, 행정부 #행정안전부 #법무부 #외교부 #교육부 #환경부

여러분은 사회통합프로그램을 통해 한국어와 한국 사회를 배운다. 한국에서 안전하게 살 수 있도록 하기 위해 우리 주변에는 경찰과 소방관이 있다. 이와 같이 우리의 삶과 관련된 여러 가지 나라 살림을 맡아서 일하는 곳이 행정부이다. 행정부의 여러 부처를 살펴보자.

법무부

- 법무부는 법질서 확립을 위해 일하고 있어요. 인권을 지키고 법무 서비스를 제공하고 있어요.
- 검찰청이 법무부에 속해 있어요.

행정안전부

- 행정안전부는 나라 살림이 잘되도록 중앙과 지방을 연결하는 역할을 해요. 또한 각종 재난으로부터 국민을 안전하게 보호하고 있어요.
- 경찰청, 소방청이 행정안전부에 속해 있어요.

외교부

- 외교부는 외교 정책을 만들어 시행해요.
- 재외 동포 정책을 만들며 재외 국민을 보호하고 지원하고 있어요.

교육부

- 교육부는 유아 교육, 초·중등, 고등 교육, 평생 교육 등 교육과 관련된 일을 하고 있어요.

보건복지부	고용노동부

• 보건복지부는 건강 보험, 국민 기초 생활 보장 등 국민의 건강과 복지에 관한 일을 하고 있어요.	• 고용노동부는 안전한 일터와 좋은 일자리를 만들기 위해 일하고 있어요.
기획재정부	환경부

• 기획재정부는 국가 재원을 효율적으로 배분하고 경제와 관련된 일을 해요. • 국세청, 관세청, 조달청, 통계청이 기획재정부에 속해 있어요.	• 환경부는 국민의 환경권을 지키고, 지속 가능한 미래를 위해 노력하고 있어요. • 기상청이 환경부에 속해 있어요.

• 여러분의 나라에서는 어디에서 나라 살림을 맡아서 하나요?

제 3부

경제와 우리 생활

다음은 한국의 다양한 쇼핑 장소입니다.

여러분은 보통 어디에서 쇼핑합니까?

전통 시장

백화점

편의점

온라인 쇼핑 업체 배송

CHAPTER
09

한국에서 쇼핑하기

이 단원을 배우고 나면

- 한국의 다양한 쇼핑 장소와 변화하는 쇼핑 문화에 대해 설명할 수 있다.
- 한국의 결제 방법과 그 변화 모습에 대해 설명할 수 있다.

1 경제와 우리 생활

한국인은 어디에서 쇼핑할까?

한국인의 쇼핑 장소

한국인은 보통 대형 마트나 전통 시장, 편의점, 백화점 등에서 필요한 물건을 구입한다. 대형 마트는 물건이 다양하고 값도 대체로 싼 편이다. 할인 행사도 많이 하고 주차 시설도 잘되어 있어서 인기가 높다. 전통 시장에도 값이 싼 물건이 많다. 요즘의 전통 시장은 지붕을 만들고 환경을 깨끗하게 정리하는 등 현대화를 위해 노력하고 있다. 또한 1인 가구의 증가와 함께 소규모 상품에 대한 수요가 늘어나면서 편의점을 이용하는 사람도 많다.

다양한 할인 행사를 하는 대형 마트

대형 마트의 할인 광고지

현대화하고 있는 전통 시장

편의점에서 물건을 고르는 모습

온라인 쇼핑

최근 인터넷의 발달로 온라인 쇼핑이 크게 늘고 있다. 온라인 쇼핑의 장점은 빠르고 편리하다는 점이다. 컴퓨터나 스마트폰만 있으면 언제 어디서나 주문할 수 있고 원하는 장소에서 상품을 받을 수 있다.

온라인 쇼핑의 증가는 한국의 배송* 문화와도 관련이 깊다. 한국에서는 물건 배송이 매우 빠르게 이루어진다. 온라인 쇼핑 업체에 따라 물건을 주문한 당일이나 다음 날 새벽에 배송해 주기도 한다. 또한 스마트폰을 이용한 음식 주문이 증가하면서 배달 앱도 널리 사용되고 있다.

*배송: 물건을 보내 주는 일

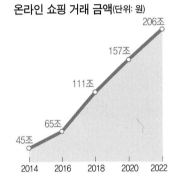

(출처: 통계청, 2023)

온라인 쇼핑 업체들은 빠른 배송을 위해 경쟁하고 있다.

 알아두면 좋아요   중고 물건 잘 사는 방법

1. 직접 전화 통화를 한다.
2. 다른 중고 사이트와 가격을 비교한다.
3. 직거래는 사람이 많은 지하철역이나 CCTV가 있는 안전한 곳에서 한다.
4. 안전 거래 사이트를 이용한다.
5. '더치트', '사이버캅' 등과 같은 사이트에서 판매자와 관련된 사기 피해 내용이 있는지 검색한다.

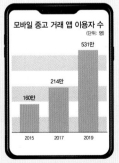

(출처: 닐슨코리아, 2019)

결제 방법에는 무엇이 있을까?

현금이 필요 없는 사회

사람들은 물건을 살 때 현금이나 신용 카드, 계좌 이체 등의 방법을 사용한다. 최근 전 세계적으로 현금 사용이 줄어들고 있는데 한국도 현금 사용률이 20%를 밑돈다. 그 대신에 신용 카드 사용은 계속 증가하고 있다. 신용 카드는 할부 서비스를 이용할 수 있고 당장 현금이 없어도 상품을 살 수 있다는 장점이 있다. 그러나 신용 카드 사용 금액은 나중에 모두 갚아야 할 돈이므로 자신의 형편에 맞게 사용해야 한다. 또한 간단한 본인 인증을 거치면 스마트폰으로 소액 결제를 할 수도 있다. 사용 금액은 다음 달 스마트폰 요금에 포함되어 나온다.

주요 결제 방법(단위: %)

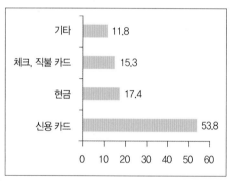

(출처: 한국은행, 2020)

카드 결제를 하는 모습

소액 결제 시장 규모(단위: 원)

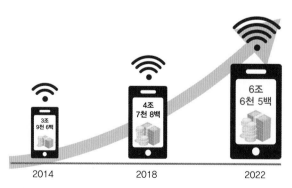

(출처: 통계청, 2023)

소액 결제는 일반적으로 월 100만 원까지 할 수 있다(2024년 기준).

간편 결제 서비스

간편 결제 서비스란 스마트폰에 은행 계좌, 신용 카드, 체크 카드 등을 미리 등록해 놓고, 스마트폰으로 결제하는 방식이다. 제로페이, 카카오페이, 삼성페이, 네이버페이 등이 있다. 간편 결제 서비스는 빠르고 편리하다는 장점 때문에 사용자가 계속 늘고 있다.

간편 결제 서비스 이용 현황(일평균 기준)

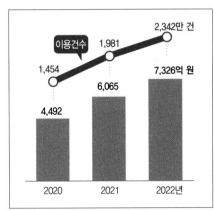

(출처: 한국은행, 2023)

간편 결제 서비스나 QR 코드로 결제하는 모습

 기프티콘으로 마음을 전하세요

주로 선물받는 제품 교환권 품목

(출처: 트렌드모니터, 2019)

기프티콘은 SNS 메시지로 주고받는 온라인 선물 쿠폰으로, '모바일 상품권'이라고도 한다. 생일이나 기념일, 입학, 졸업 등을 축하하거나 감사의 마음을 전할 때 많이 사용한다. 가장 널리 이용하는 것은 음식이나 음료 교환권이다. 판매 회사의 누리집에서 e쿠폰이나 모바일 상품권 또는 카카오톡의 선물하기 등을 이용하면 된다. 간편 결제 서비스나 스마트폰 소액 결제 등을 이용해서 결제할 수 있다.

내용 정리하기

01 관련 있는 내용을 서로 연결해 보세요.

간편 결제 서비스 ●

● 물건이 다양하고 값이 대체로 싼 편이며, 할인 행사가 많고 주차 시설도 잘되어 있다.

대형 마트 ●

● 제로페이, 카카오페이, 삼성페이, 네이버페이 등이 있다.

배달 앱 ●

● 스마트폰을 이용한 음식 주문이 증가하면서 빠르게 성장하고 있다.

02 맞으면 O표, 틀리면 X표를 해 보세요.

최근 한국은 현금 사용이 빠른 속도로 증가하고 있다.

온라인 쇼핑 업체들이 빠른 배송을 위해 경쟁하고 있다.

간편 결제 서비스를 이용하는 이유는 편리함 때문이다.

1인 가구가 늘어나면서 편의점 이용이 증가하고 있다.

전통 시장은 값이 비싸지만 돌아다니면서 쇼핑하기 편하다.

적은 금액은 스마트폰으로 소액 결제를 할 수 있다.

03 빈칸에 알맞은 말을 써 보세요.

- (   ) 쇼핑의 증가는 한국의 배송 문화와도 관련이 깊다.
- (   )는 할부 서비스를 이용할 수 있고 현금이 없어도 상품을 살 수 있다.

함께 이야기 나누기 　이런 배달도 있구나!

공원에서 받을 수 있는 음식 배달 서비스

매달 다양한 과자 배달 서비스

세탁물 수거 및 배달 서비스

드론을 이용한 배달 서비스

• 자신이 경험한 한국 배달 문화의 편리한 점과 개선해야 할 점에 대해 이야기해 보세요.

다음은 돈을 모으고 관리하는 모습입니다.

여러분은 보통 돈을 어떤 방법으로 모으고 관리합니까?

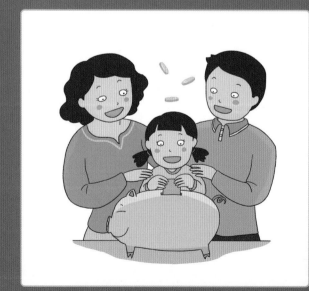

CHAPTER
10
돈 관리 방법

이 단원을 배우고 나면

- 통장을 만들고 은행을 이용하는 방법에 대해 설명할 수 있다.
- 계획적인 지출과 저축 습관을 기르는 방법에 대해 설명할 수 있다.

은행은 어떻게 이용해야 할까?

경제와 우리 생활

통장 만들기

한국에서 통장을 만들려면 반드시 자신의 신분증을 가지고 은행에 가야 한다. 외국인도 신분증과 필요한 서류를 은행에 가져가면 통장을 만들 수 있다. 다만 은행마다 필요한 서류가 다를 수 있으므로 은행에 가기 전에 미리 확인하고 가는 것이 좋다.

외국인이 통장 만드는 방법: ○○은행의 사례

예금과 적금

사람들은 돈을 모으거나 보관할 때 은행의 예금, 적금을 많이 이용한다. 정기 예금은 정해진 기간 동안 일정한 돈을 은행에 맡겨 두고 기간이 끝나면 이자와 함께 찾는 방법이다. 정기 적금은 정해진 기간 동안 매달 정해 놓은 액수만큼 은행에 넣고 기간이 끝나면 이자와 함께 돌려받는 방법이다. 예금과 적금은 안전하게 돈 관리를 하기에 적절한 방법이다.

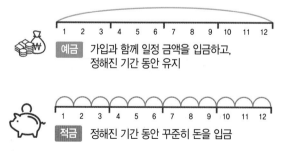

예금 가입과 함께 일정 금액을 입금하고, 정해진 기간 동안 유지

적금 정해진 기간 동안 꾸준히 돈을 입금

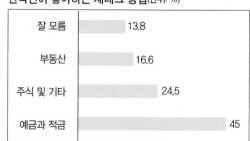

한국인이 좋아하는 재테크 방법(단위: %)

잘 모름	13.8
부동산	16.6
주식 및 기타	24.5
예금과 적금	45

(출처: 데이터리서치, 2020)

*재테크: 가진 재산을 이용해서 높은 이익을 얻는 방법

인터넷과 함께 변화하는 은행

인터넷 뱅킹이나 모바일 뱅킹을 이용하면 언제 어디서나 편리하고 빠르게 다양한 은행 업무를 볼 수 있다. 또한 돈을 보낼 때 수수료를 할인받거나 면제받을 수 있다는 장점도 있다. 최근에는 온라인 네트워크만으로 모든 은행 거래를 할 수 있는 인터넷 전문 은행도 등장했다. 카카오뱅크, K뱅크 같은 인터넷 전문 은행은 지점이 따로 없지만 은행 업무를 자유롭게 처리할 수 있다. 한편 돈 관리를 도와주는 '자산 관리 앱'도 요즘 인기가 많다. 이러한 앱을 통해 자신이 가입한 통장, 카드 등을 한눈에 볼 수 있고, 돈이 들어오고 나가는 상황에 맞추어 자신에게 적절한 소비 방법도 알 수 있다.

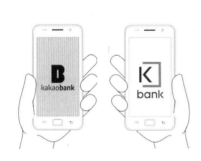

인터넷 전문 은행

택시비 지출을 경고하는 자산 관리 앱

거스름돈을 입금해 주는 모바일 앱

 알아두면 좋아요   **외국인을 위한 다양한 금융 서비스**

1. 은행에서는 외국인을 위한 모바일 앱이나 ARS 전화를 통해 외국인의 은행 거래를 돕고 있다. 특히 한국어가 서툴다면 외국어 전화 상담을 활용하는 것이 좋다.

2. 외국인 근로자를 대상으로 한 은행 영업점도 있다. 평일에 은행 방문이 힘든 외국인 근로자들을 위해 일요일에도 문을 연다. 은행 누리집에서 미리 검색해 두면 좋다.

3. 1332로 전화해서 은행, 카드 등과 관련한 상담을 받을 수 있다. 통역 서비스를 이용할 수 있고, 금융 사기를 당했을 때도 도움을 받을 수 있다.

돈은 어떻게 관리해야 할까?

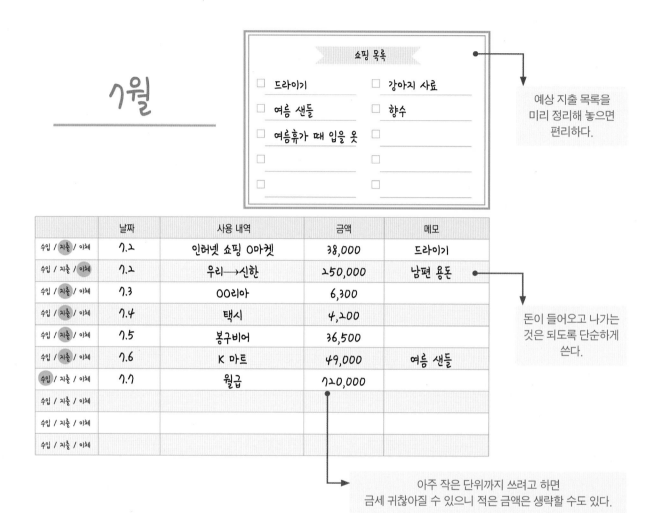

7월

쇼핑 목록

- ☐ 드라이기
- ☐ 여름 샌들
- ☐ 여름휴가 때 입을 옷
- ☐
- ☐
- ☐ 강아지 사료
- ☐ 향수
- ☐

예상 지출 목록을 미리 정리해 놓으면 편리하다.

	날짜	사용 내역	금액	메모
수입 / **지출** / 이체	7.2	인터넷 쇼핑 O마켓	38,000	드라이기
수입 / 지출 / **이체**	7.2	우리→신한	250,000	남편 용돈
수입 / **지출** / 이체	7.3	OO리아	6,300	
수입 / **지출** / 이체	7.4	택시	4,200	
수입 / **지출** / 이체	7.5	봉구비어	36,500	
수입 / **지출** / 이체	7.6	K 마트	49,000	여름 샌들
수입 / 지출 / 이체	7.7	월급	720,000	
수입 / 지출 / 이체				
수입 / 지출 / 이체				
수입 / 지출 / 이체				

돈이 들어오고 나가는 것은 되도록 단순하게 쓴다.

아주 작은 단위까지 쓰려고 하면 금세 귀찮아질 수 있으니 적은 금액은 생략할 수도 있다.

모바일 앱으로 편리하게 용돈을 관리할 수 있다.

통장은 세분화해서 관리!

통장은 사용할 곳에 따라 종류별로 나누는 것이 좋다.

계획적인 지출

돈을 모으려면 불필요한 지출을 줄이며 돈 관리를 해야 한다. 이를 위해서는 돈이 들어오고 나가는 것을 가계부 등에 정리해 두는 것이 좋다. 힘들고 귀찮아도 꾸준히 쓰면 자신이 어디에 돈을 썼는지, 자신의 소비 습관을 한눈에 알 수 있다. 통신비나 보험료처럼 매달 규칙적으로 나가는 돈은 미리 준비해 두면 좋다. 통장은 생활비, 교육비 등 종류별로 나누어서 미리 조금씩 돈을 모아 놓으면 나중에 지출 부담을 줄일 수 있다. 그리고 자신의 형편에 맞게 예를 들어 '5만 원으로 1주일 살기' 같은 목표를 정하고 도전해 보는 것도 계획적인 돈 관리에 도움이 된다. 카드보다는 현금을, 신용 카드보다는 체크 카드를 사용한다.

저축하는 습관

적은 돈이라도 저축하는 습관을 길러야 돈을 모을 수 있다. 특히 돈을 모아서 무엇을 할지 목표를 세우면 동기 부여가 된다. 저축하는 습관은 지속적으로 유지하는 것이 좋다. 사회생활을 시작하고 첫 월급을 받았을 때도 당연히 계속해야 한다. 또한 저축 외에 자신의 경제 상황에 맞는 돈 관리 방법이 무엇인지 금융 기관 등을 통해 상담을 받아 보는 방법도 있다.

 알아두면 좋아요 신용 카드보다 체크 카드를 사용하세요

(2020년 기준)

1. 신용 카드는 다양한 혜택과 포인트 적립 등을 해 주지만, 계획보다 더 많은 돈을 쓰게 할 수도 있다. 특히 사용 금액을 조금씩 나누어 갚는 방식인 할부 서비스는 과소비를 하게 할 수도 있다.
2. 체크 카드로 결제하면 자신의 통장에서 바로 사용 금액이 빠져나간다. 체크 카드는 통장 잔액 범위 안에서만 사용할 수 있고, 대출이나 할부를 사용할 수 없기 때문에 과소비를 막는 데 도움이 된다.
3. 체크 카드는 은행 통장이 있는 12세 이상이면 누구나 발급받을 수 있으며, 나중에 세금을 줄여주는 혜택도 더 많이 받을 수 있다.

내용 정리하기

01 관련 있는 내용을 서로 연결해 보세요.

인터넷 전문 은행 ●

● 정해진 기간 동안 은행에 일정한 돈을 맡겨 두고 기간이 끝나면 이자와 함께 찾는다.

가계부 ●

● 카카오뱅크, K뱅크는 모든 은행 거래를 인터넷으로만 한다.

정기 예금 ●

● 돈이 들어오고 나가는 것을 정리한 것으로, 불필요한 지출을 막는 데 도움이 된다.

02 맞으면 O표, 틀리면 X표를 해 보세요.

통장을 종류별로 나누어 미리 조금씩 준비해 놓으면 나중에 지출 부담을 줄일 수 있다.

인터넷 뱅킹과 모바일 뱅킹을 이용하면, 수수료를 할인받거나 면제받을 수 없다.

한국에서는 통장을 만들려면 자신의 신분증이 있어야 한다.

돈을 모으려면 불필요한 지출을 줄이며 돈 관리를 해야 한다.

03 빈칸에 알맞은 말을 써 보세요.

> • (   )은 정해진 기간 동안 매달 정해 놓은 액수만큼 은행에 넣고 기간이 끝나면 이자와 함께 돌려받는 방법이다.
> • 적은 돈이라도 꾸준히 (   )하는 습관을 길러야 돈을 모을 수 있다. 특히 돈을 모아서 무엇을 할지 목표를 세우면 동기 부여가 된다.

🧧 함께 이야기 나누기 금융 사기, 조심하세요

스미싱(SMISHING=SMS+PHISHING)
택배 도착, 초대장, 무료 쿠폰 등의 가짜 문자 메시지를 보내서 개인 정보를 훔치거나 소액 결제를 하게 만든다.

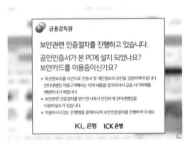

파밍(PHARMING)
가짜 금융 사이트에 접속하게 한 후에 금융 정보를 가져가고 통장의 돈을 빼 간다.

메신저 피싱(MESSENGER PHISHING)
친구나 가족인 것처럼 카카오톡 등으로 메시지를 보내 지금 당장 돈이 필요한 상황이니 돈을 보내 달라고 한다.

• 위와 같은 금융 사기 전화나 메시지 등을 받아 본 적이 있습니까? 주변에 있는 사람이 금융 사기를 경험한 것을 들어 본 적이 있습니까? 그러한 경우 어떻게 대응을 했나요?

• 금융 사기 피해를 당하지 않으려면 어떻게 해야 하는지 이야기해 보세요.

다음은 한국의 다양한 집의 모습입니다.

여러분은 어떤 집에서 살고 싶습니까?

아파트

원룸

단독 주택

빌라

CHAPTER
11

경제적인 주거 생활

이 단원을 배우고 나면

- 한국인의 다양한 주거 형태와 주거 문화에 대해 설명할 수 있다.
- 집을 사거나 빌리는 방법에 대해 설명할 수 있다.

1 경제와 우리 생활

한국인은 어디에서 살까?

한국인의 주거 형태

한국에는 아파트, 빌라, 원룸, 오피스텔, 단독 주택 등 다양한 형태의 집이 있다. 도시에는 아파트나 빌라 같은 공동 주택에 사는 사람이 많다. 아파트는 대체로 교통이 좋고 생활하기 편리한 곳에 자리 잡고 있는데, 많은 사람이 같은 건물에 살기 때문에 층간 소음 등의 문제로 다툼이 생기는 경우도 있다. 최근에는 1인, 2인 가구가 증가하면서 원룸이나 오피스텔 등의 인기도 높은 편이다.

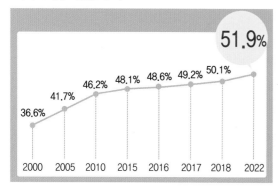

아파트 거주 비율(단위: %)

51.9%

36.6% (2000)
41.7% (2005)
46.2% (2010)
48.1% (2015)
48.6% (2016)
49.2% (2017)
50.1% (2018)

(출처: 통계청, 2023)

아파트 주변의 다양한 편의 시설

한국인의 70%가 공동 주택(예: 아파트, 빌라, 원룸, 오피스텔 등)에 살고 있다.

한국의 전세와 월세

한국에서 집을 빌리는 형태는 전세, 월세로 나눌 수 있다. 전세는 집주인에게 일정한 돈을 보증금으로 맡기고 집을 빌린 뒤, 계약 기간이 끝나면 보증금을 다시 돌려받는 것으로, 한국에서 널리 활용하는 방식이다. 월세는 집주인에게 매달 일정한 돈을 내고 집을 빌리는 방식이다. 월세도 보증금을 내야 하는 경우가 많지만 그 금액은 전세에 비해 훨씬 적다. 집을 빌리려는 사람들은 대부분 전세를 더 선호하지만 최근에는 월세가 많이 늘어나고 있다.

세입자의 전월세 비율(단위: %)

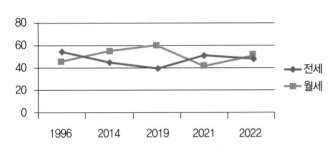

(출처: 국토교통부, 2023)

전세와 월세 정보는 부동산 등에서 확인할 수 있다.

＊세입자: 다른 사람의 집을 빌려서 사는 사람

 알아두면 좋아요 세입자를 보호하기 위한 제도에는 어떤 내용이 있을까?

- 세입자는 계약한 집에서 최소 4년을 살 수 있다.
- 2년의 계약이 끝나기 전에, 집주인에게 계약 연장을 요구할 수 있다.
- 집주인은 특별한 이유 없이 계약 연장을 거절할 수 없다.
- 재계약할 때 집주인은 전세나 월세 금액을 5% 이상 올릴 수 없다.
- 집주인이 그 집에서 직접 살게 될 경우에는 계약 연장 요구를 거절할 수 있다.

(출처: 개정 주택임대차보호법, 2020)

집은 어떻게 마련해야 할까?

주택청약종합저축

한국인의 80% 이상은 자기 소유의 집이 필요하다고 생각한다(2019년 주거 실태 조사 결과). 그리고 돈을 모아서 집을 사려는 사람이라면 대부분 주택청약종합저축에 가입한다. 주택청약종합저축에 가입해야 새로 지은 아파트나 공공 임대 주택을 신청할 수 있다. 주택청약종합저축은 1인 1통장만 가입이 가능한데, 이미 집이 있는 사람도 가입할 수 있으며 나이 제한도 없다. 또한 한국에 사는 외국인도 신분증을 가지고 은행에 가면 가입할 수 있다.

주택청약종합저축에 가입하면 국민 주택, 민영 주택 모두 신청할 수 있다.

아파트 모델 하우스를 구경하는 사람들

공공 실버 주택 내부(출처: YTN, 2017)

공공 임대 주택 모집 광고

*공공 임대 주택: 나라에서 싼 가격에 장기간 빌려주는 집
*국민 주택: 나라에서 짓는 집
*민영 주택: 일반 건설 회사에서 짓는 집
*공공 실버 주택: 65세 이상의 노인들을 대상으로 한 공공 임대 주택

공유 주택

공공 임대 주택은 월세가 싸고 오랫동안 살 수 있지만 원하는 사람이 많아 들어가기가 쉽지 않다. 특히 청년층이 들어갈 수 있는 공공 임대 주택은 많지 않다. 그래서 최근 1인 가구가 많은 청년들을 중심으로 집을 나눠 쓰는 공유 주택이 늘어나고 있다. 공유 주택에서는 개인 생활 공간을 보호하기 위해 방은 각자 따로 쓰고 거실, 부엌 등만 함께 사용한다.

월세와 생활비 부담이 적은 공유 주택

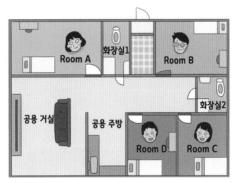

각 방이 분리된 공유 주택의 내부

 알아두면 좋아요   부동산 거래 안전하게 하는 방법

집을 사거나 빌릴 때는 공인 중개사를 통하는 것이 안전하다. 집을 계약할 때 공인 중개사가 필요한 내용과 서류 등을 확인해 주고 문제가 생겼을 때 책임도 지기 때문이다. 만약 공인 중개사를 통하지 않고 인터넷이나 아는 사람을 통해 부동산 거래를 할 때는 집주인이 맞는지, 집에 문제는 없는지, 공과금 등은 잘 계산되었는지 등을 반드시 확인해야 한다.

내용 정리하기

01 관련 있는 내용을 서로 연결해 보세요.

공동 주택 ●   ● 계약 기간이 끝나면 보증금을 다시 돌려받는다.

전세 ●   ● 아파트, 원룸, 오피스텔처럼 여러 가구가 함께 산다.

주택청약종합저축 ●   ● 새로 지은 아파트나 공공 임대 주택을 신청하려면 필요하다.

02 맞으면 O표, 틀리면 X표를 해 보세요.

집이 있는 사람은 주택청약종합저축에 가입할 수 없다.

집을 빌리려는 사람들은 대부분 전세를 더 선호한다.

월세는 집주인에게 매달 일정한 돈을 내야 한다.

공공 임대 주택은 월세가 비싸지만 오래 살 수 있다.

1인, 2인 가구의 증가로 단독 주택에 사는 사람이 늘어나고 있다.

아파트에서는 층간 소음 등의 문제로 다툼이 생기는 경우도 있다.

03 빈칸에 알맞은 말을 써 보세요.

- 공동 주택 중 (   )는 대체로 교통이 좋고 생활하기 편리한 곳에 자리 잡고 있다.
- 청년들을 중심으로 집을 나눠 쓰는 (   ) 주택이 증가하고 있다.

함께 이야기 나누기　내가 살고 싶은 집은 어디?

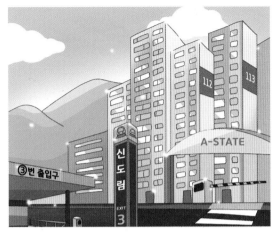

역세권 지하철역과 가까워요!

숲세권 우리 집 근처에 숲이 있어요!

학세권 학교까지 걸어서 10분이에요!

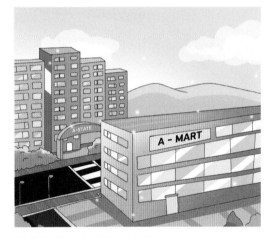

몰세권 대형 쇼핑몰이 집 앞에 있어요!

- 한국에서는 집을 구할 때 중요하게 생각하는 것을 앞에 넣어서 'O+세권'이라고 부릅니다. 자신은 어떤 'O+세권'에서 살고 싶습니까? 그 이유는 무엇입니까?

- 자신의 고향 나라에서는 집을 구할 때 무엇을 중요하게 생각하는지 이야기해 보세요.

다음은 다양한 종류의 직업입니다.

자신이 하고 싶은 일은 무엇입니까?

소방관

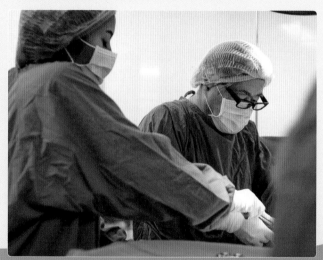

의사

사진작가

우주 비행사

CHAPTER
12
직업과 진로 찾기

이 단원을 배우고 나면

- 자신의 적성에 맞는 직업과 새롭게 떠오르는 직업에 대해 설명할 수 있다.
- 한국의 취업 현실과 선호하는 직업, 직장 선택 기준에 대해 설명할 수 있다.

내가 잘하는 것은 무엇일까?

경제와
우리 생활

적성과 흥미 찾기

적성은 어떤 일을 하는 데 알맞은 성격과 능력을 말한다. 적성은 사람마다 다르므로 자신의 적성을 찾는 것이 매우 중요하다. 평생 하나의 직업만 가졌던 과거와 달리, 앞으로는 두세 개의 직업을 가지는 시대가 예상되므로, 자신이 좋아하고 잘하는 일이 무엇인지 계속 생각하면서 적성을 찾고 계발해야 한다. 이를 위해 성격 검사, 적성 검사 등을 통해 자신을 알아 가는 것도 도움이 된다.

워크넷과 커리어넷에서 무료 적성 검사를 할 수 있다.

위 사람은 운동선수였지만, 은퇴 후에 방송인이 되었다.

새롭게 떠오르는 직업

청소년은 미래를 이끌어 갈 세대이다. 청소년들이 어떤 직업을 좋아하는지를 보면 그 사회의 현재와 미래를 어느 정도 예측할 수 있다. 교사, 의사 등은 여전히 많은 청소년이 선호하는 직업이지만, 최근에는 변화도 나타나고 있다. 청소년의 희망 직업이 크리에이터(인터넷 방송인), 생명 과학자, 심리 상담사, 빅데이터 전문가 등으로 다양해지고 있다. 사회가 변하면 그에 따라 새로운 직업이 생기고 사람들이 선호하는 직업도 달라진다. 따라서 미래 사회에 적합한 직업을 가지려면 어떤 능력이 필요한지, 앞으로 어떤 직업의 전망이 좋은지 알아보고 준비해야 한다.

초중고 학생의 희망 직업

	초등학생	중학생	고등학생
	2019년	2019년	2019년
1위	운동선수	교사	교사
2위	교사	의사	경찰관
3위	크리에이터	경찰관	간호사
4위	의사	운동선수	컴퓨터 공학자/소프트웨어 개발자
5위	조리사(요리사)	뷰티 디자이너	군인

(출처: 교육부&한국직업능력개발원, 2019)

유튜버, BJ 등 크리에이터의 광고 영상

심리 상담사

미용사

생명 과학자

 알아두면 좋아요 미래에는 어떤 직업이 인기 있을까?

가상현실(VR) 전문가

빅데이터 전문가

로봇 공학자

미래에는 인터넷, 과학 기술이 더욱 발달하면서 인공 지능(AI)과 로봇 등이 사람의 일을 대신하는 경우가 더 많아질 것이다. 컴퓨터, 수학, 생명 과학 등의 전문 지식이 필요한 직업의 인기도 높아질 것으로 예상된다. 그리고 인공 지능이 대신하기 힘든 작가, 화가와 같은 예술 관련 직업은 인간의 창의성이 중요한 창조적인 직업으로서 계속 인기를 끌 것이다. 반면 비서, 번역가, 계산원, 생산직 등은 줄어들 것으로 예상된다.

어디에서 일할까?

점점 좁아지는 취업문

사람들은 일을 통해 자신의 가치를 깨닫고 생활에 필요한 돈을 번다. 그러므로 일자리는 사람들의 생활에 꼭 필요한 것이다. 그런데 항상 자신이 원하는 일자리를 원하는 때에 얻을 수 있는 것은 아니다. 일자리는 나라의 경제 상황에 따라 달라진다. 특히 코로나19와 같은 세계적인 감염병 사태가 발생하거나 세계 경제가 안 좋아지면 한국에서도 일자리 찾기가 그만큼 더 어려워진다. 최근에는 일자리를 구하지 못한 청년들이 증가하면서 많은 대학생들이 졸업 후에도 취업 준비와 입사 경쟁에 어려움을 겪고 있다.

취업 박람회에서 취업 상담을 받는 대학생들(출처: 연합뉴스)

자기소개서 작성, 면접 방법 등을 상담받는 모습(출처: 연합뉴스)

한국인의 직장 선택 기준

최근에는 취업을 한다고 해도 정년까지 보장되지 않는 곳이 많다. 그래서 직장을 선택할 때 수입 못지않게 안정성도 매우 중요한 부분이다. 국가 기관이나 공기업, 대기업 등에 들어가기 위한 경쟁이 심한 것도 이런 이유 때문이다. 한편 일과 삶의 균형을 뜻하는 '워라밸(work-life balance)'도 직장 선택에서 중요한 기준으로 떠오르고 있다. 요즘에는 월급이 조금 적더라도 개인 시간을 가지고 가족이나 친구들과 시간을 보내기를 원하는 사람도 많다. 그래서 출퇴근 시간이나 직원에 대한 복지 등도 직장을 선택할 때 생각해야 할 중요한 기준이 된다.

입사 시험을 마치고 나오는 사람들(출처: 연합뉴스)　　　　공무원 준비 학원에서 공부하는 모습(출처: 연합뉴스)

워라밸의 영향으로 운동, 여가, 취미 활동에 대한 관심이 많다.

 알아두면 좋아요　　창업을 해서 나도 사장이 되어 볼까?

창업은 아이디어가 중요하기 때문에 청소년이나 청년들의 도전 의식과 참신한 아이디어가 큰 힘을 발휘한다. 최근 창업에 관심 있는 청소년이 늘어나고 있으며 청소년 대상의 다양한 창업 캠프도 열리고 있다. 전기차 충전 모바일 앱을 개발한 '이비온(EVON)'이나 곤충의 사료를 만드는 '칠명바이오' 등은 청소년 창업의 성공 사례이다. 정부에서는 창업을 준비하는 사람들에게 창업 자금을 빌려주고 있으며, K스타트업(www.k-startup.go.kr)에서는 창업자를 위한 교육과 정보도 제공하고 있다.

내용 정리하기

01 관련 있는 내용을 서로 연결해 보세요.

워라밸 ●

크리에이터 ●

일 ●

● 사람들은 이것을 통해 자신의 가치를 깨닫고 생활에 필요한 돈을 번다.

● 일과 삶의 균형을 중요하게 생각한다.

● 인터넷 방송인으로 최근 청소년 사이에서 인기가 많다.

02 맞으면 O표, 틀리면 X표를 해 보세요.

요즘은 대학만 졸업하면 쉽게 취업할 수 있다.

적성은 사람마다 다르므로 자신의 적성을 찾는 것이 중요하다.

최근 국가 기관이나 공기업, 대기업 등에 들어가기 위한 경쟁이 심하다.

한국인은 직장을 선택할 때 수입과 안정성을 중요하게 생각하지 않는다.

03 빈칸에 <u>공통</u>으로 들어갈 말을 써 보세요.

> • (   )은 어떤 일을 하는 데 알맞은 성격과 능력을 말한다.
> • 자신이 좋아하고 잘하는 일이 무엇인지 계속 생각하면서 (   )을 찾고 계발해야 한다.
> • 성격 검사, (   ) 검사 등을 통해 자신을 알아 가는 것도 도움이 된다.

함께 이야기 나누기　나에게 맞는 직업은 무엇일까?

	R(Realistic, 현실형)	I(Investigative, 탐구형)	A(Artistic, 예술형)
성격	• 단순, 실제적 • 혼자 일하기 • 기계, 도구 사용 선호	• 연구, 분석 • 호기심 많음 • 과학적, 학문적	• 예술, 창조 • 개방적, 독창적 • 상상력 풍부
직업	• 농부, 경찰관, 기술자, 　운동선수	• 물리학자, 의학자, 　컴퓨터 프로그래머	• 작가, 음악가, 화가, 　디자이너
	S(Social, 사회형)	E(Enterprising, 진취형)	C(Conventional, 관습형)
성격	• 봉사, 친절 • 사교적 • 이해심이 있음	• 행동, 설득, 모험 • 권력 선호 • 리더십	• 사무, 관리, 회계 • 정해진 대로 일하기 • 변화보다 안정
직업	• 교사, 상담가, 사회복지사	• 경영인, 정치인, 언론인, 　판매인	• 사무직, 사서, 비서, 　회계사, 세무사

(출처: 홀랜드의 직업 성격 이론, 1985)

*워크넷(www.work.go.kr)과 커리어넷(www.career.go.kr)에서 중고생 및 성인 누구나 무료 적성 검사를 할 수 있다.
*한국진로적성검사연구원(www.kicat.kr)에서 초등학생을 위한 다양한 적성 검사를 할 수 있다.

• 자신의 성격에 대해 써 보세요.

• 직업 성격은 여섯 가지 유형(RIASEC)으로 구분할 수 있습니다. 위에 쓴 자신의 성격과 가장 가까운 직업 성격 유형은 무엇인지 찾아보세요.

④ 대단원 내용 정리

■ 〈보기〉에서 알맞은 것을 골라 빈칸에 써 보세요.

---● 보기 ●---

정기 예금	전세	간편 결제 서비스	안정성	편의점
주택청약종합저축	가계부	능력	월세	정기 적금

09

한국에서 쇼핑하기

- 1인 가구의 증가와 함께 소규모 상품에 대한 수요가 늘어나면서 (   )을 이용하는 사람들이 늘어나고 있다.
- (   )는 스마트폰에 은행 계좌, 신용 카드, 체크 카드 등을 미리 등록해 놓고 어디에서든지 간편하게 바로 결제하는 방식이다.

10

돈 관리 방법

- (   )은 정해진 기간 동안 일정한 돈을 은행에 맡겨 두고 기간이 끝나면 이자와 함께 찾는 방법이고, (   )은 정해진 기간 동안 매달 정해 놓은 액수만큼 은행에 넣고 기간이 끝나면 이자와 함께 돌려받는 방법이다.
- 돈이 들어오고 나가는 것을 (   )에 정리하면 자신이 어디에 돈을 썼는지, 자신의 소비 습관을 한눈에 알 수 있다.

11

경제적인 주거 생활

- (   )는 집주인에게 일정한 돈을 보증금으로 맡기고 집을 빌린 뒤, 계약 기간이 끝나면 보증금을 다시 돌려받는 것이며, (   )는 집주인에게 매달 일정한 돈을 내고 집을 빌리는 방식이다.
- (   )에 가입해야 새로 지은 아파트나 공공 임대 주택을 신청할 수 있다. 외국인도 신분증을 가지고 은행에 가면 만들 수 있다.

12

직업과 진로 찾기

- 적성은 어떤 일을 하는 데 알맞은 성격과 (   )을 말하며, 사람마다 달라서 자신의 적성을 찾는 것이 매우 중요하다.
- 직장에 들어가도 정년까지 보장되지 않는 곳이 많기 때문에 직장을 선택할 때 수입 못지않게 (   )이 매우 중요해졌다.

스스로 해결하기 아파트 이름을 맞혀 봐!

빅토르네 가족은 새로 지은 아파트에 입주하게 되었습니다. 그래서 이번 주말에 직장 동료들을 초대하여 집들이를 하려고 합니다. 빅토르네 가족이 살고 있는 집으로 가는 길에 제시된 안내판의 문제를 모두 맞히면 아파트의 이름을 알 수 있습니다.

규칙 및 방법: ① 안내판의 설명이 맞으면 O표, 틀리면 X표를 하세요.
② ①에서 찾은 답 옆의 자음과 모음을 순서대로 조합하여 아파트의 이름을 맞혀 보세요.

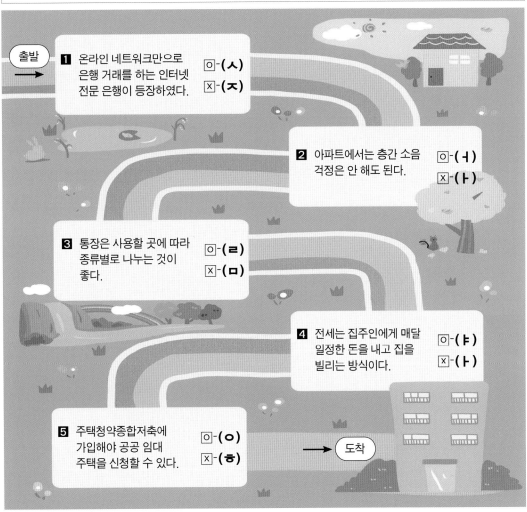

• 아파트 이름은 무엇인가요?

아파트

스스로 탐구하기   자기소개서를 작성해 볼까요?

직장이나 아르바이트를 구할 때에는 '자기소개서'를 작성해서 제출하기도 합니다. '자기소개서'에는
일반적으로 다음과 같은 내용이 들어갑니다.

자기소개서에 담길 내용

- 자신의 성장 과정
- 학교생활 및 전공 분야
- 자신의 능력 및 전문성

- 자신의 성격
- 지원한 직장과 관련된 자신의 경력
- 대회 수상 경력 및 자격증

- **자신이 원하는 직장을 생각해 보고, 그 직장에 들어가기 위한 '자기소개서'를 간단하게 써 보세요.**

자기소개서			
지원 직장		**이름**	

지원자   (서명)

스스로 평가하기

01 한국의 쇼핑 장소와 그 특징으로 옳은 것은? (   )

① 백화점

값이 싼 대신에
돌아다니며
쇼핑하기에 불편함

② 편의점

GS25

1인 가구의 감소로
이용하는 사람들이
줄어듦

③ 대형 마트

할인 행사가 많으며
주차 시설이 잘되어
있음

④ 전통 시장

값이 비싸며 24시간
동안 운영하고 있음

02 돈을 바르게 관리하는 방법으로 옳은 것은? (   )

① 돈을 모으려면 지출을 지속적으로 한다.
② 돈이 들어오고 나가는 것을 가계부에 정리한다.
③ 현금이나 체크 카드보다는 신용 카드를 사용한다.
④ 통장은 생활비, 교육비 등 종류별로 나누지 않는다.

03 주택청약종합저축에 대한 설명으로 옳지 <u>않은</u> 것은? (   )

① 주택청약종합저축은 한 사람당 한 개만 가입할 수 있다.
② 이미 집이 있는 사람은 주택청약종합저축에 가입할 수 없다.
③ 한국에 사는 외국인도 은행에서 주택청약종합저축에 가입할 수 있다.
④ 주택청약종합저축에 가입해야 새로 지은 아파트 분양을 신청할 수 있다.

04 다음 글의 빈칸에 들어갈 말로 바르게 짝지은 것은? (   )

> 최근 직장을 선택하는 기준에서 (㉠)과 (㉡)의 균형을 뜻하는 '워라밸'도 중요하게 떠오르고 있다.
> 요즘에는 월급이 조금 적더라도 개인 시간을 가지고, 가족이나 친구들과 시간을 보내기를 원하는 사람도
> 많다. 그래서 출퇴근 시간이나 직원에 대한 복지 등도 직장을 선택할 때 생각해야 할 중요한 기준이 된다.

	㉠	㉡
①	경쟁	일
②	경쟁	안정성
③	일	삶
④	삶	안정성

한국의 맛과 정겨움이 가득한 전통 시장

#전통 시장   #구경 한번 가 보세요

#한국인의 인심   #먹거리 여행

전통 시장은 오랜 역사와 특색을 갖고 있다. 여행의 즐거움 중 하나는 그 나라나 지역의 유명한 전통 시장을 방문해 보는 일이기도 하다. 한국의 전통 시장에 가면 그 지역만의 문화나 특산물, 음식을 경험할 수 있다.

광장시장 (서울특별시 종로구)

• 100년 넘게 이어져 오고 있으며 다양한 음식을 맛볼 수 있고, 한복과 이불이 특산물로 유명하다.

남문시장 (경기도 수원시)

• 유네스코 문화유산인 수원 화성 팔달문 옆에 위치해 있으며, 특히 '통닭거리'를 즐겨 찾는 사람들이 많다.

신기시장 (인천광역시 미추홀구)

• 전통공예체험관을 운영하고 있으며, 결제할 때 화폐 대신 신기통보를 사용하여 이를 체험하러 오는 외국인들이 많다.

정선아리랑시장 (강원도 정선군)

(출처: 연합뉴스)

• 전국 최대 규모의 5일장으로 산나물, 찰옥수수, 다래, 메밀전병 등 계절에 따라 다양한 특산물을 판매하고 있다.

*신기통보: 조선 시대 화폐인 '상평통보'를 응용해서 만든 동전 모양으로 신기시장 내에서 한 개당 500원의 가치로 사용할 수 있다(2020년 기준).

*5일장: 5일에 한 번씩 열리는 시장. 정선아리랑시장과 순천아랫장은 매달 2나 7로 끝나는 날(2일, 7일, 12일, 17일, 22일, 27일)에 시장이 열린다.

육거리시장 (충청북도 청주시)

(출처: 네이버)

- 규모가 매우 크고 전과 떡이 유명하며, 새벽에도 시장이 열려 신선한 농산물을 바로 구입할 수 있다.

죽도시장 (경상북도 포항시)

(출처: 연합뉴스)

- 동해안 최대 규모의 전통 시장이며, 포항의 특산물인 물회, 과메기 등 다양한 수산물을 맛볼 수 있다.

순천아랫장 (전라남도 순천시)

- 전라도 지역의 최대 5일장으로 쌀, 화초, 수산물 등이 거래되며, 오랫동안 자리를 지켜 온 국밥 전문점이 유명하다.

서귀포매일올레시장 (제주특별자치도 서귀포시)

- 제주도 특산물인 감귤, 한라봉, 오메기떡 등을 판매하며, 올레길과 연결되어 있어 매년 많은 관광객들이 방문한다.

- 자신의 고향 나라에 있는 유명한 전통 시장에 대해 소개해 볼까요?

🪙 정답 보기

■ 내용 정리하기 정답

영역	단원	내용 정리하기 정답
법과 우리 생활	1. 법이 필요한 이유	**1)** 법의 의미 ──┐ ┌── 감염병 예방 노력, 음주 운전 금지 안전한 사회생활을 위한 법 ──X── 사회 구성원들의 합의에 따라 만든 강제성 있는 규칙 준법의 필요성 ──── 개인의 권리 보호와 사회 질서 유지 **2)** 법을 지키지 않으면 다른 사람에게 피해를 준다. (○) │ 외국인도 한국 사회에서 법을 반드시 지켜야 한다. (○) 법은 한 번 정해지면 바뀌지 않는다. (×) │ 학교에서 일어나는 폭력은 법의 보호를 받을 수 없다. (×) **3)** • 사회 구성원들의 합의에 따라 만들어진 강제성 있는 규칙을 (법)이라고 한다. • 법을 잘 지킬 때 개인의 (권리)를 보호하고 사회 질서를 유지할 수 있다.
	2. 일상생활 속의 법	**1)** 10~30시간 ── 한국에서 19세 미만인 사람이 결혼할 때 필요한 것 부모의 동의 ── 출생 신고를 해야 하는 기간 아이가 태어난 후 1개월 이내 ── 유학생이 한 주 동안 일할 수 있는 시간 12시간 ── 회사와 근로자가 합의한 경우 1주일에 추가로 일할 수 있는 최대 시간 **2)** 혼인 신고를 해야 정식으로 법적인 부부가 된다. (○) │ 아동 학대 사실을 봐도 가족이 아니면 신고할 수 없다. (×) 근로 계약서는 근로자와 회사 담당자가 1부씩 갖는다. (○) │ 한국에서는 근로 시간을 법으로 규정하고 있다. (○) **3)** • (아동 학대)란 성인이 아동의 건강을 해롭게 하거나 신체적·정신적·성적 폭력을 가하는 것, 아동의 보호자가 아동을 제대로 돌보지 않는 것 등을 말한다. • 법으로 정해진 근로 시간 이외에 추가로 근무했을 경우에는 원래 임금에 (50)%를 더한 임금을 받는다.
	3. 법으로 문제를 해결해요	**1)** 외국인을 위한 마을 변호사 제도 ──┐ ┌── 법원에서 법에 따라 옳고 그름을 가리는 과정 재판 ──X── 한국어 의사소통의 어려움과 정보 부족으로 어려움을 겪는 외국인에게 법률 상담을 지원하는 제도 삼심 제도 ──── 하나의 사건에 대해 세 번까지 재판을 받을 수 있는 제도 **2)** 외국인을 위한 마을 변호사 제도는 무료로 법률 상담 서비스를 제공한다. (○) │ 외국인 근로자 지원 센터에서는 법률 상담을 받기 어렵다. (×) 법원은 재판을 통해 잘못한 사람을 벌한다. (○) │ 개인 간의 분쟁을 해결하는 재판은 형사 재판이다. (×)

영역	단원		내용 정리하기 정답
법과 우리 생활	3. 법으로 문제를 해결해요	3)	• 사람들 간이 다툼이나 법을 어기는 사람이 있을 때는 법원에서 법에 따라 옳고 그름을 가리는데, 이를 (재판)이라고 한다. • 이혼이나 상속 등 가족 간의 다툼을 해결하는 재판을 (가사 재판)이라고 한다.
	4. 한국 사회 구성원으로 살아요	1)	세금 — 나라 살림에 필요한 돈을 마련하기 위해 정부가 거두어들이는 돈 세계인의 날 — 한국인, 외국인을 구분하지 않고 다양한 사람들이 소통하고 교류하도록 지원하는 기념일 재한외국인처우기본법 — 한국에서 생활하고 있는 외국인이 차별받지 않고 인권을 보장받을 수 있도록 하는 법
		2)	한국에 거주하는 외국인이 점점 늘어나고 있다. (○)　재외 동포 비자는 F-4이다. (○) 외국인이 한국 사회에 적응하는 데 도움을 주기 위해 사회통합프로그램이 시행되고 있다. (○)　건강 보험료는 소득이나 재산에 상관없이 동일하다. (×)
		3)	• 한국에서 일을 하면서 일정한 소득을 얻는 외국인은 법에 따라 (세금)을 내야 한다. • 한국에 6개월 이상 거주하는 외국인은 (건강 보험)에 가입해야 한다.
정치와 우리 생활	5. 민주주의가 걸어온 길	1)	자유 — 국가나 다른 사람의 간섭 없이 자신의 일을 할 수 있는 것 민주주의 — 국민이 나라의 주인으로서 나라를 다스리는 것 인간의 존엄성 — 인간은 단지 인간이라는 이유만으로도 존중받아야 한다는 것
		2)	한국은 민주주의 국가이다. (○)　평등이란 모든 사람이 인종, 재산, 종교 등으로 차별받지 않고 동등하게 대우받는 것을 말한다. (○) 한국은 2020년부터 18세도 선거권을 가지게 되었다. (○)　한국에서는 표현의 자유가 보장되기 어렵다. (×)
		3)	• 한국의 민주주의는 인간의 (존엄성) 실현을 목표로 하고 있다. • 한국에서는 사람들끼리 모여 자신들의 주장을 펼치고 방송이나 신문 등을 통해 자신의 의견을 제시하는 활동 등과 같은 (표현)의 자유를 보장하고 있다.
	6. 국민의 손으로 뽑는다	1)	평등 선거 — 누구나 공평하게 1인 1표씩 투표함 총선거 — 국회의원을 뽑는 선거 비밀 선거 — 누구에게 투표했는지 다른 사람이 알 수 없음 선거관리위원회 — 선거가 공정하게 이루어지도록 하기 위해 심판 역할을 하는 기관
		2)	한국에서는 18세 이상 국민이면 누구나 선거에 참여할 수 있다. (○)　한국에서 대통령은 지역을 대표하는 사람이다. (×) 한국의 법을 만드는 국회의원을 뽑는 선거를 대통령 선거라고 한다. (×)　선거관리위원회는 후보자가 법을 지키면서 선거 운동을 할 수 있도록 관리한다. (○)
		3)	• 국민이 정치에 참여할 수 있는 가장 기본적인 방법은 (선거)이다. • 도지사나 시장 등 지역을 대표하여 일할 사람을 뽑는 선거를 (지방) 선거라고 한다.

영역	단원	내용 정리하기 정답		
정치와 우리 생활	7. 한국의 국가 권력	1) 정부 — 나라에 필요한 정책을 만들고 나랏일을 직접 담당하는 곳 / 국회 — 나라에 필요한 법을 만들거나 고치는 곳 / 법원 — 법에 따라 재판을 하는 곳		
		2) 한국에서는 대통령이 나라를 대표한다. (○) 법무부는 법원의 한 기관이다. (×) 법원에서는 법을 만든다. (×) 국회의원과 대통령은 선거를 통해 뽑는다. (○)		
		3) • 한국의 법을 만드는 곳은 (국회)이다. • 대통령은 한국을 대표하는 사람이고 나라 살림을 맡는 (정부)의 최고 책임자이다. • (재판)은 사법부인 법원이 법을 해석하고 적용하여 옳고 그름을 판단하는 것을 가리킨다.		
	8. 남북통일과 세계	1) 6 · 25 전쟁 — 북한의 침략으로 시작된 전쟁 / 판문점 — 남북 정상 회담이 열린 장소 / 이산가족 — 고향을 떠나 서로 헤어지게 된 가족		
		2) 한국은 현재 통일 국가이다. (×) 6 · 25 전쟁 이후 남한과 북한은 계속 대립과 갈등만을 겪어 왔다. (×) 남북 분단으로 많은 이산가족이 생겼다. (○) 오늘날 한국은 과거에 국제 사회로부터 받았던 도움에 보답하고 있다. (○)		
		3) • 남한의 대통령과 북한의 최고 지도자가 판문점에서 만나 남북 (정상) 회담을 열었다. • 한국의 국군은 해외 분쟁 지역에서 유엔 (평화 유지군) 활동을 하고 있다.		
경제와 우리 생활	9. 한국에서 쇼핑하기	1) 간편 결제 서비스 — 제로페이, 카카오페이, 삼성페이, 네이버페이 등이 있다. / 대형 마트 — 물건이 다양하고 값이 대체로 싼 편이며, 할인 행사가 많고 주차 시설도 잘되어 있다. / 배달 앱 — 스마트폰을 이용한 음식 주문이 증가하면서 빠르게 성장하고 있다.		
		2) 최근 한국은 현금 사용이 빠른 속도로 증가하고 있다. (×) 온라인 쇼핑 업체들이 빠른 배송을 위해 경쟁하고 있다. (○) 간편 결제 서비스를 이용하는 이유는 편리함 때문이다. (○) 1인 가구가 늘어나면서 편의점 이용이 증가하고 있다. (○) 전통 시장은 값이 비싸지만 돌아다니면서 쇼핑하기 편하다. (×) 적은 금액은 스마트폰으로 소액 결제를 할 수 있다. (○)		
		3) • (온라인) 쇼핑의 증가는 한국의 배송 문화와도 관련이 깊다. • (신용 카드)는 할부 서비스를 이용할 수 있고 현금이 없어도 상품을 살 수 있다.		

영역	단원	내용 정리하기 정답
경제와 우리 생활	10. 돈 관리 방법	**1)** 인터넷 전문 은행 — 카카오뱅크, K뱅크는 모든 은행 거래를 인터넷으로만 한다. 가계부 — 돈이 들어오고 나가는 것을 정리한 것으로, 불필요한 지출을 막는 데 도움이 된다. 정기 예금 — 정해진 기간 동안 은행에 일정한 돈을 맡겨 두고 기간이 끝나면 이자와 함께 찾는다. **2)** 통장을 종류별로 나누어 미리 조금씩 준비해 놓으면 나중에 지출 부담을 줄일 수 있다. (○)　인터넷 뱅킹과 모바일 뱅킹을 이용하면, 수수료를 할인받거나 면제받을 수 없다. (×) 한국에서는 통장을 만들려면 자신의 신분증이 있어야 한다. (○)　돈을 모으려면 불필요한 지출을 줄이며 돈 관리를 해야 한다. (○) **3)** • (정기 적금)은 정해진 기간 동안 매달 정해 놓은 액수만큼 은행에 넣고 기간이 끝나면 이자와 함께 돌려받는 방법이다. • 적은 돈이라도 꾸준히 (저축)하는 습관을 길러야 돈을 모을 수 있다. 특히 돈을 모아서 무엇을 할지 목표를 세우면 동기 부여가 된다.
	11. 경제적인 주거 생활	**1)** 공동 주택 — 아파트, 원룸, 오피스텔처럼 여러 가구가 함께 산다. 전세 — 계약 기간이 끝나면 보증금을 다시 돌려받는다. 주택청약종합저축 — 새로 지은 아파트나 공공 임대 주택을 신청하려면 필요하다. **2)** 집이 있는 사람은 주택청약종합저축에 가입할 수 없다. (×)　집을 빌리려는 사람들은 대부분 전세를 더 선호한다. (○) 월세는 집주인에게 매달 일정한 돈을 내야 한다. (○)　공공 임대 주택은 월세가 비싸지만 오래 살 수 있다. (×) 1인, 2인 가구의 증가로 단독 주택에 사는 사람이 늘어나고 있다. (×)　아파트에서는 층간 소음 등의 문제로 다툼이 생기는 경우도 있다. (○) **3)** • 공동 주택 중 (아파트)는 대체로 교통이 좋고 생활하기 편리한 곳에 자리 잡고 있다. • 청년들을 중심으로 집을 나눠 쓰는 (공유) 주택이 증가하고 있다.
	12. 직업과 진로 찾기	**1)** 워라밸 — 일과 삶의 균형을 중요하게 생각한다. 크리에이터 — 인터넷 방송인으로 최근 청소년 사이에서 인기가 많다. 일 — 사람들은 이것을 통해 자신의 가치를 깨닫고 생활에 필요한 돈을 번다. **2)** 요즘은 대학만 졸업하면 쉽게 취업할 수 있다. (×)　적성은 사람마다 다르므로 자신의 적성을 찾는 것이 중요하다. (○) 최근 국가 기관이나 공기업, 대기업 등에 들어가기 위한 경쟁이 심하다. (○)　한국인은 직장을 선택할 때 수입과 안정성을 중요하게 생각하지 않는다. (×) **3)** • (적성)은 어떤 일을 하는 데 알맞은 성격과 능력을 말한다. • 자신이 좋아하고 잘하는 일이 무엇인지 계속 생각하면서 (적성)을 찾고 개발해야 한다. • 성격 검사, (적성) 검사 등을 통해 자신을 알아 가는 것도 도움이 된다.

■ 함께 이야기 나누기 예시 정답

영역	단원	함께 이야기 나누기 예시 정답
법과 우리 생활	1. 법이 필요한 이유	**새로운 법과 제도** • (예) 한국은 의무 교육 기간이 초등학교(6년)~중학교(3년)까지 총 9년인데, 저의 고향 나라는 고등학교 기간까지 포함해 총 12년입니다. (예) 한국에서 집을 구할 때 전세 제도(집주인에게 일정한 돈을 보증금으로 맡기고 집을 빌린 뒤, 계약 기간이 끝나면 보증금을 다시 돌려받음)가 널리 활용되고 있는 것이 독특했습니다.
	2. 일상생활 속의 법	**일상생활 속에서 다른 사람에게 피해를 주는 행동의 예** • (예) 아래층에 사는 사람을 고려하지 않고, 집에서 뛰어다니는 행동 • (예) 비둘기에게 모이를 주면 안 돼요. (예) 길거리에서 껌을 씹으면 안 돼요.
	3. 법으로 문제를 해결해요	**영화와 드라마에서도 재판하는 모습을 볼 수 있어요** • (예) 영화 「재심」: 억울한 누명을 쓴 주인공의 진실을 찾기 위해 노력하는 변호사의 모습이 인상 깊었습니다. • (예) 제가 살던 고향 나라에서는 재판 절차에 일반인들이 참여하는 배심원 제도가 한국보다 활성화되어 있습니다.
	4. 한국 사회 구성원으로 살아요	**생활법령정보 서비스를 이용하기** • (예) 저는 지금 아파트에서 개를 키우고 있어서 '문화/여가 생활'–'반려동물과 생활하기'를 검색해 보았습니다. 이를 통해 개와 함께 외출을 할 때는 인식표, 목줄, 배변 봉투 등을 꼭 챙겨야 함을 알게 되었습니다.
정치와 우리 생활	5. 민주주의가 걸어온 길	**지수로 알아보는 세계의 민주주의** • (예) 1순위: 국민의 정치 참여가 활발해야지 민주주의가 더 발전할 것 같습니다. 2순위: 국가 기관의 권력 분립이 잘되어 견제를 해야 합니다. 3순위: 국민의 표현의 자유를 국가가 보장해야 민주주의가 발전합니다.
	6. 국민의 손으로 뽑는다	**우리 지역의 대표를 뽑을 수 있어요** • (예) 지역: 경기도 김포시 대표: 경기도지사–○○○, 김포시장-○○○ • (예) 지역: 경상북도 경산시 대표: 경상북도지사–○○○, 경산시장-○○○ • (예) 김포시장 공약: 일산대교 무료 통행 등 • (예) 경산시장 공약: 경산 임대 공공 주택 지구 조성 등
	7. 한국의 국가 권력	**지도자를 뽑을 때 기준은 무엇인가요?** • (예) 경력: 경력이 있어야 일을 잘할 수 있다고 생각하기 때문입니다. • (예) 제 고향인 미얀마의 훌륭한 정치인은 아웅 산 수 치입니다. 노벨 평화상도 수상하고 독재 정부에 맞서 민주화 운동을 진행했던 인물입니다.
	8. 남북통일과 세계	• 한국이 속한 국제기구에는 어떤 것이 있을까? • (예) 중국과 한국이 같이 속한 국제기구에는 ASEM(아셈)이 있습니다. • (예) ASEM(아셈)은 아시아와 유럽 지역에 관계된 모든 문제를 포괄적으로 논의하는 일을 하고 정치, 경제, 문화·사회 3개 분야에 협력하고 있습니다.
경제와 우리 생활	9. 한국에서 쇼핑하기	**이런 배달도 있구나!** • (예) 한국은 무엇이든지 빠르게 배달이 되어서 편리합니다. 하지만 빠르게 배달하려다 보니 배달 일을 하는 사람들이 위험한 상황에 처하는 경우도 많은 것 같습니다.
	10. 돈 관리 방법	**금융 사기, 조심하세요** • (예) 친구가 보이스 피싱 전화를 받은 적이 있습니다. 아이를 데리고 있다고 하면서 돈을 보내라고 해서, 메신저로 아이에게 연락해서 안전하다는 것을 확인한 후 전화를 끊어 버렸다고 합니다. • (예) 개인 정보가 유출되지 않도록 조심해야 하고, 금융 사기 전화 등이 오면 그 내용이 맞는지 자세히 알아봐야 합니다.

영역	단원	함께 이야기 나누기 예시 정답
경제와 우리 생활	11. 경제적인 주거 생활	내가 살고 싶은 집은 어디?
		• (예) 저는 학세권에서 살고 싶습니다. 왜냐하면 학교가 가까우면 아이가 학교에 다니기도 편하고 공부에도 도움이 될 거라고 생각하기 때문입니다.
		• (예) 저희 고향 나라에서는 집을 구할 때 교통을 중요하게 생각합니다. 왜냐하면 교통이 편리해야 학교나 회사에 가기에 좋기 때문입니다.
	12. 직업과 진로 찾기	나에게 맞는 직업은 무엇일까?
		• (예) 저는 사람들을 만나는 것을 좋아하고 이해심이 많은 편입니다.
		• (예) 저와 가까운 직업 성격 유형은 S(사회형)입니다. S(사회형)는 사교적이고 이해심이 있는 성격으로 제 성격과 비슷하다고 생각합니다.

■ 대단원 정리 정답

영역	단원	대단원 정리 정답		
법과 우리 생활	대단원 내용 정리	**법과 우리 생활 주요 내용 정리**		
		1. 법이 필요한 이유	• 강제성	• 건강, 안전
		2. 일상생활 속의 법	• 18, 부모	• 근로 계약서
		3. 법으로 문제를 해결해요	• 마을 변호사	• 법원
		4. 한국 사회 구성원으로 살아요	• 차별	• 세금
	스스로 해결하기	**골든벨을 울려라!** 정해란		
	스스로 탐구하기	**'외국인 등록증' 영문 표기가 변경됩니다** • (예) 외국인의 체류 자격 및 언어 수준에 따른 맞춤형 세무 교실 운영이 더욱 활성화되면 좋겠습니다.		
	스스로 평가하기	**법과 우리 생활 형성평가 정답**		
		1. ② 　 2. ④ 　 3. ③ 　 4. ②		
		1. (정답 해설)	ㄴ. 법은 시대에 따라 바뀌기도 하고 새로 만들어지기도 한다. ㄷ. 법은 사람들이 함께 살아가는 데 필요한 것, 해야할 것, 하지 말아야 할 것 등을 규정하고 있다.	
		2. (정답 해설)	④ 외국인을 위한 마을 변호사 제도는 한국어로 의사소통이 어려운 외국인도 이용 가능하다.	
		3. (정답 해설)	③ 한국에서는 원칙적으로 하나의 사건에 세 번까지 재판을 받을 수 있는데 이를 삼심 제도라고 한다.	
		4. (정답 해설)	① 성년의 날: 매년 5월 셋째 월요일. 19세가 된 젊은이에게 성인이 되었음을 축하하고 자부심을 높이기 위한 한국의 법정 기념일 ③ 세계 난민의 날: 6월 20일. 난민 보호를 위해 국제연합(UN)이 제정한 세계 기념일 ④ 세계 여성의 날: 3월 8일. 여성의 지위 향상을 위해 국제연합(UN)이 제정한 세계 기념일	
정치와 우리 생활	대단원 내용 정리	**정치와 우리 생활 주요 내용 정리**		
		5. 민주주의가 걸어온 길	• 국민	• 인간 존엄성
		6. 국민의 손으로 뽑는다	• 18	• 선거관리위원회
		7. 한국의 국가 권력	• 대통령	• 국회, 정부, 법원
		8. 남북통일과 세계	• 분단	• 이산가족
	스스로 해결하기	**휴대 전화 비밀번호를 풀어라!** 82405		
	스스로 탐구하기	**투표율을 높이기 위한 아이디어** • (예) 사전 투표일 기간을 늘립니다. 선거 관련 홍보 활동을 많이 합니다.		
	스스로 평가하기	**정치와 우리 생활 형성평가 정답**		
		1. ② 　 2. ④ 　 3. ① 　 4. ④		
		1. (정답 해설)	② 한국은 1950년 6 · 25 전쟁 후 현재까지 남북으로 분단되었다.	
		2. (정답 해설)	④ 행정부는 나라의 살림살이를 하는 곳이다. 한국의 정부 형태는 대통령제이다.	
		3. (정답 해설)	① 한국은 2020년부터 18세 이상 국민이면 투표할 수 있다.	
		4. (정답 해설)	ㄱ. 한국에서는 선거를 통해 정권이 교체된 적이 있다. ㄷ. 한국은 18세 이상이면 누구나 선거권을 가진다.	
경제와 우리 생활	대단원 내용 정리	**경제와 우리 생활 주요 내용 정리**		
		9. 한국에서 쇼핑하기	• 편의점	• 간편 결제 서비스
		10. 돈 관리 방법	• 정기 예금, 정기 적금	• 가계부
		11. 경제적인 주거 생활	• 전세, 월세	• 주택청약종합저축
		12. 직업과 진로 찾기	• 능력	• 안정성
	스스로 해결하기	**아파트 이름을 맞혀 봐!** 사랑		

영역	단원	대단원 정리 정답
경제와 우리 생활	스스로 탐구하기	**자기소개서를 작성해 볼까요?** • (예) 안녕하십니까? 저는 ○○○입니다. 현재 □살이며, □국에서 2018년 한국으로 왔습니다. □국 대학교에서 경제학을 전공하였고, 한국의 □대학원 석사 과정을 졸업하였습니다. 올해 TOPIK 6급을 취득하였고, □기업에서 인턴을 하였습니다. 또한 □학술지에 2편의 논문을 실었습니다. 항상 밝고 긍정적인 성격으로 제게 주어진 모든 일은 책임감 있게 끝까지 해내려고 노력합니다. 만약 제가 □국에 설립된 지사의 신입 직원으로 선발된다면 전공과 경험을 살려 열심히 일하도록 하겠습니다. 감사합니다.
	스스로 평가하기	**경제와 우리 생활 형성평가 정답** 1. ③　　2. ②　　3. ②　　4. ③

		1. (정답 해설)	① 백화점: 돌아다니며 쇼핑하기에 편리하다. ② 편의점: 1인 가구의 증가로 편의점을 이용하는 사람이 많아지고 있다. ④ 전통 시장: 값이 싼 물건이 많다.
		2. (정답 해설)	① 돈을 모으려면 불필요한 지출을 줄이며 돈 관리를 해야 한다. ③ 카드보다는 현금을, 신용 카드보다는 체크 카드를 사용하는 것이 좋다. ④ 통장은 생활비, 교육비 등 종류별로 나누어서 미리 조금씩 돈을 모아 놓으면 나중에 지출 부담을 줄일 수 있다.
		3. (정답 해설)	② 이미 집이 있는 사람도 주택청약종합저축에 가입할 수 있다.
		4. (정답 해설)	③ 워라밸(work-life balance): 일과 삶의 균형을 뜻한다.

찾아보기

| 연구진 | 설규주 (경인교육대학교 사회과교육과 교수) |
| | 이미혜 (이화여자대학교 교육대학원 교수) |

집필진	백수미 (중앙대학교 사회통합프로그램 강사)
	최수진 (한국다문화교육연구원 사회통합프로그램 강사)
	박원진 (초당초등학교 교사)
	정상하 (경기도안성교육지원청 장학사)

사회통합프로그램[KIIP]

한국사회 이해 기초 2

법무부 사회통합프로그램 지정 교재

| 초판발행 | 2021년 1월 11일 |
| 중판발행 | 2024년 8월 20일 |

| 기획·개발 | 법무부 출입국·외국인정책본부 |

펴낸이	노 현
펴낸곳	㈜ 피와이메이트
	서울특별시 금천구 가산디지털2로 53 한라시그마밸리 210호(가산동)
	등록 2014.2.12. 제2015-000165호
전화	02)733-6771
팩스	02)736-4818
홈페이지	www.pybook.co.kr
e-mail	pys@pybook.co.kr

| 값 | 8,000원 |

| ISBN | 979-11-86140-41-3 |
| | 979-11-86140-39-0(세트) |

© 2021 법무부 출입국·외국인정책본부

* 파본은 구입하신 곳에서 교환해 드립니다. 본서의 무단복제행위를 금합니다.